くらべてわかる!

キリスト教 イスラーム 入門

明治大学教授
齋藤孝

ビジネス社

はじめに

今、私たちが直面している問題、それは命にどのような価値があるのか、そして、私たちはどのように生きるべきなのか、ということだと思います。２０２０年に始まったコロナ禍というのは、図らずも、そうしたことを改めて考え直す機会になりました。

では、今回のコロナ禍のような〝災厄《さいやく》〟に対して、人類はどう戦ってきたのでしょうか。大きく分けると、ふたつあります。ひとつは宗教です。

宗教の「宗」という字は、最も根源的な価値を表しています。つまり、そうした揺るぎない「教え」、目に見えぬ「力」に頼ることによって、人々は精神的に困難に打ち勝ってきました。

もうひとつは科学です。これは、目の前で起きている問題に対し、合理的な対応策を考え、解決していくというやり方になります。

このふたつの方法をうまく描いているのが、カミュの『ペスト』という作品です。神を信じる「心理」と、科学的な思考をする「意思」の双方が巧みに描かれています。

もちろん、現実に横たわる難題を解決していくのは、ほとんどの場合、科学の力です。しかし、疫病や飢饉《ききん》、あるいは天変地異といった、科学の力では簡単に太刀打ちできない事象も多々あります。そうした不安な状況に置かれれば、誰しも心のよりどころを求めたいと思うことでしょう。そこで重要な役割を果たしてきたのが、宗教なのです。


私たちにとって今、もうひとつ重要なものが「教養」と「知性」です。

教養、知性がある人間が、危機に際しても落ち着いた判断を下すことができる。私は、そう信じて勉強を続けてきました。では教養や知性とは、いったい何なのでしょうか。

端的に言えば、知性とは「異なるものに対する開かれた思考のあり方」だと思います。他者とは、当然のことながら自分と異なる存在のことです。その自分とは違う存在と自分自身をくらべながら理解し、教養を深めていく。これが知性の根源ではないでしょうか。

たとえば、先ほど挙げた「心のよりどころ」について、私たち日本人にとっての仏教や神道と、人類のおよそ半数が信じているキリスト教、イスラームでは当然違ってきます。

そもそも、私たちに日本人にとって〝一神教〟は、必ずしもなじみのあるものではありません。キリスト教に関しては、世界史を動かしてきた〝主体〟として一応学んでいます。また美術、音楽などさまざまな文化を通じて、ある程度理解があるかもしれません。

その反面、教義や変遷について深堀りしている人は、それほど多くないでしょう。ましてやイスラームに関しては、教義や歴史どころか、基本的な知識すらよく知らない人が多いのではないでしょうか。

しかし、一神教という異文化を理解すると、世界の見方が広がります。

はたしてキリスト教信者、そして、かつては世界の文明をリードし、今も世界中で増え続けているイスラームの人たちが、いったい何を心のよりどころにして、不安に満ちあふれた世界を生き抜いているのか。

その支えとなる根源を知ることで、〝他者〟の生き方を理解することができ、ひいては自分の教養の範囲を大きく広げることができるはずです。

そのためこの本では、キリスト教とイスラームを並べ、そしてくらべてみることで、両者がくっきりとわかってくるという手法をとってみました。

この「くらべてわかる」という方法は、思考を進めていくうえにおいて、非常に有力なやり方です。私の専門である教育学でいえば、授業の基本はふたつのものを比較するということになります。

たとえば、小学校の授業でいきなり、ある民族の食事の写真を見せても、子どもたちは「だから、何なの？」と戸惑うばかりでしょう。それに対して、ふたつの異なる文化の食事風景を並べ「違いは何ですか？」と聞いてみれば、小学生でもそれぞれの文化の意味や差異、大事なポイントを挙げることができます。

このように、私たちの思考は比較によって促進されます。ひとつのものを見ているだけでは、さして意識できないことでも、ふたつを照らし合わせた途端に、思わぬ違い、意外な共通点といった新たな〝価値〟を発見できるのです。

この本を通じて、世界史の大きなふたつの流れとしてのキリスト教とイスラームを比較して学ぶことで、皆さんの世界の見え方が変わってくる。そして読み終わったころには、教養、知性も深まる。そうなれば、うれしい限りです。

はじめに……2
宗教の歴史概略……12
世界の主な宗教分布……14

第1章

キリスト教はなぜ世界宗教になれたのか

ユダヤ教、キリスト教、イスラームの神の正体とは?……18
私たちが神を選んだのではない。神が私たちを選んだ……24
ユダヤ教はなぜ世界宗教になれなかったのか?……27
プラットフォームとしての『旧約聖書』……29
イエスがユダヤ教を解放した……31
イエスはキリスト教の開祖ではなかった!……36
迫害から国教化へ……41

皇帝を屈服させた「カノッサの屈辱」……44
侵略によって広まっていったキリスト教……48
宣教師と教会を使って支配していった……50
日本にキリスト教が普及していない理由……53
キリスト教は、なぜ三度の布教チャンスを逃したのか？……55
ユダヤ教徒は、なぜ世界に大きな影響力を持つのか？……59
なぜ〝あの場所〟にイスラエルが建国されたのか？……64
パレスチナ問題の本質は、本当に宗教対立なのか？……69

第2章

宗教改革と現代日本はつながっている

ルターの目覚め……74
イエスの言葉に耳を澄ますとは？……76
プロテスタントの誕生と聖書の解放……78

カルヴァンの禁欲主義が生んだ資本主義の精神……81
アメリカ建国の父の名言から読み取れるもの……85
モノクロのプロテスタント、カラーのカトリック……87
宗教改革のおかげで日本の近代化は成功した⁉……89
NOルター、NO民主主義……91
ニーチェはなぜキリスト教を批判したのか？……93
ツァラトゥストラ＝ゾロアスターに込めたニーチェの思い……95

第3章 イスラームの価値を守る人々

世界で増え続けるムスリム……100
結婚からビジネス、「罪と罰」まで規定する神の声……103
大勢で声に出して読みたい『コーラン』……106
ムハンマドとイエスの格の違い……108

皇帝も大富豪も神の奴隷……112
なぜムスリムは1日5回メッカに向けて礼拝するのか？……115
イスラームの方程式は常に「宗教＞国家」……119
ムスリムがめざす「緑園」とは？……121
キリスト教は男女平等で、イスラームは男性中心主義？……124
キリスト教とイスラーム、それぞれの「最後の審判」……128
格差を是正するイスラームの優れた仕組み……132
法の下の平等と神の前の平等……135

第4章 イスラームはどこへ向かうのか

世界の文化、科学、経済をリードしたイスラーム……138
今も生き続ける「十字軍」という亡霊……140
ジハードの本質は「反撃」……145

オスマン帝国の解体とイスラーム権威の終焉……147
イスラーム諸国がかたくなに進んだ道……151
核兵器の開発も『コーラン』に従う……153
変わらないイスラームのよさ……156
混迷の源流となったソ連のアフガニスタン侵攻……159
〝蜂の巣〟をつついたアメリカの大罪……164
イスラーム諸国とキリスト教国の非対称な戦い……167
イスラームが日本に広がらない理由……169
日本はイスラームとどうつき合うべきか？……172
イラン革命の持つ意味……175

終章

人間はなぜ宗教を求めるのか

今、歴史の逆流が起きている……180

欲望を抑える「スーパーエゴ」としての宗教……184
宗教が持つ強力なアイデンティティ……186
法律の役割も担った宗教……190
アニミズムがもたらした豊かさ……192
なぜギリシャ神話は「ギリシャ教」と呼ばれないのか？……194
神と民をつないだシャーマン、天皇……197
無宗教の社会主義、共産主義が引き起こした〝熱狂〟……199
宗教＋物語＝近代国家!?……201

おわりに……205

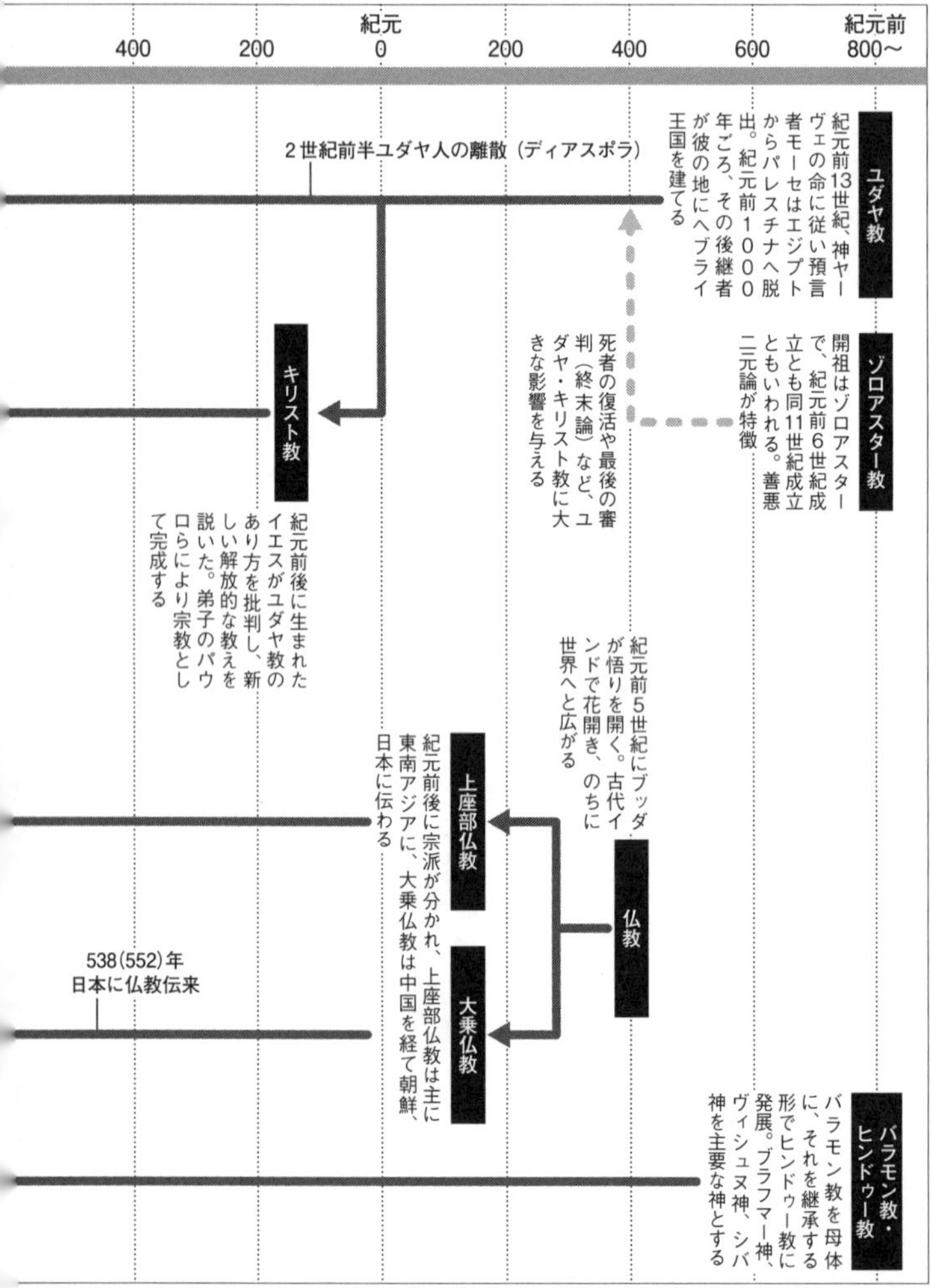

紀元前 800〜
600
400
200
紀元 0
200
400
ユダヤ教
紀元前13世紀、神ヤーヴェの命に従い預言者モーセはエジプトからパレスチナへ脱出。紀元前1000年ごろ、その後継者が彼の地にヘブライ王国を建てる
2世紀前半ユダヤ人の離散（ディアスポラ）
ゾロアスター教
開祖はゾロアスターで、紀元前6世紀成立とも同11世紀成立ともいわれる。善悪二元論が特徴
死者の復活や最後の審判（終末論）など、ユダヤ・キリスト教に大きな影響を与える
キリスト教
紀元前後に生まれたイエスがユダヤ教のあり方を批判し、新しい解放的な教えを説いた。弟子のパウロらにより宗教として完成する
仏教
紀元前5世紀にブッダが悟りを開く。古代インドで花開き、のちに世界へと広がる
上座部仏教
大乗仏教
紀元前後に宗派が分かれ、上座部仏教は主に東南アジアに、大乗仏教は中国を経て朝鮮、日本に伝わる
538(552)年
日本に仏教伝来
バラモン教・ヒンドゥー教
バラモン教を母体に、それを継承する形でヒンドゥー教に発展。ブラフマー神、ヴィシュヌ神、シバ神を主要な神とする

宗教の歴史概略

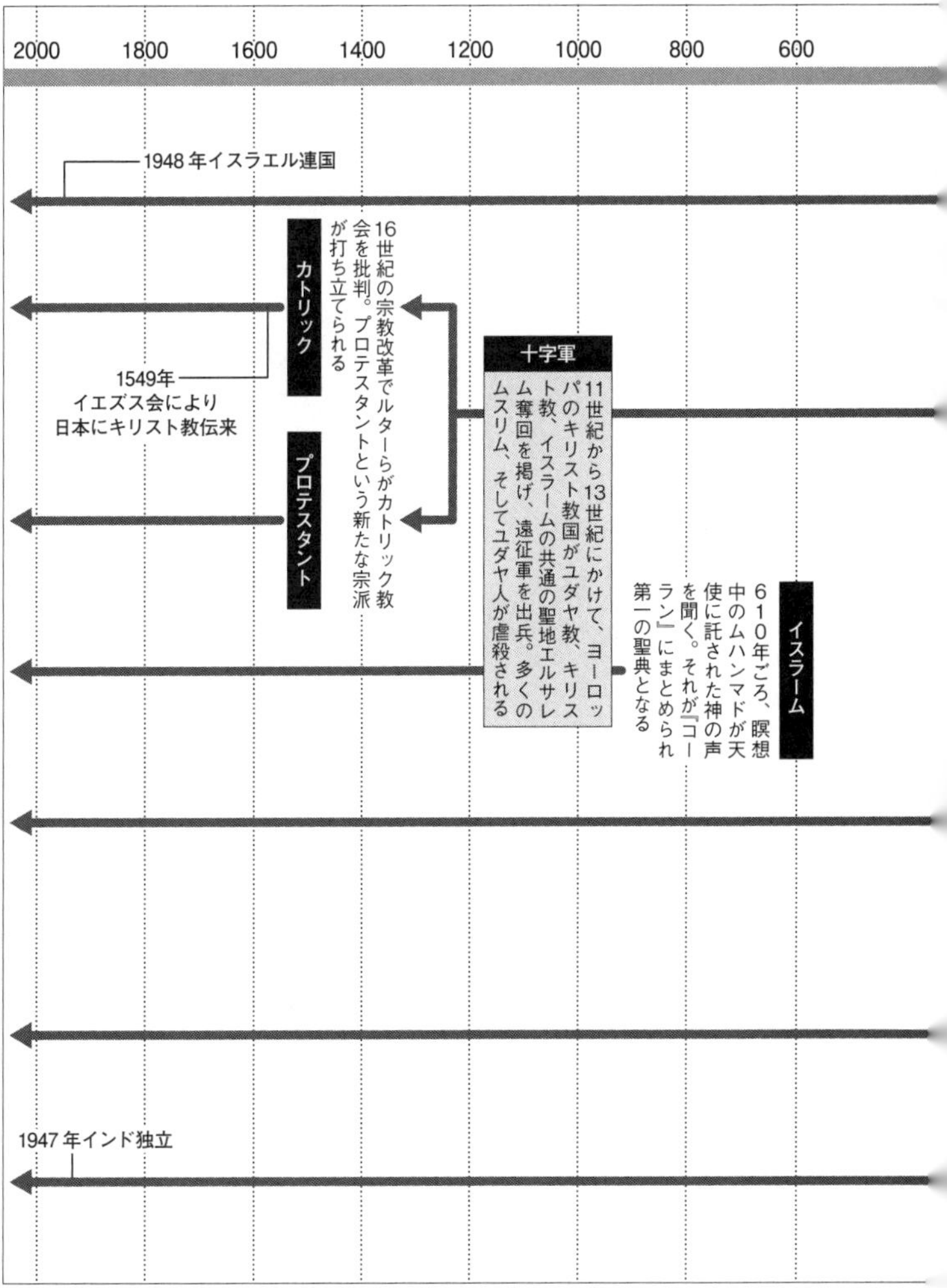
2000
1800
1600
1400
1200
1000
800
600
1948年イスラエル連国
カトリック
プロテスタント
1549年
イエズス会により
日本にキリスト教伝来
16世紀の宗教改革でルターらがカトリック教会を批判。プロテスタントという新たな宗派が打ち立てられる
十字軍
11世紀から13世紀にかけて、ヨーロッパのキリスト教国がユダヤ教、キリスト教、イスラームの共通の聖地エルサレム奪回を掲げ、遠征軍を出兵。多くのムスリム、そしてユダヤ人が虐殺される
イスラーム
610年ごろ、瞑想中のムハンマドが天使に託された神の声を聞く。それが『コーラン』にまとめられ第一の聖典となる
1947年インド独立

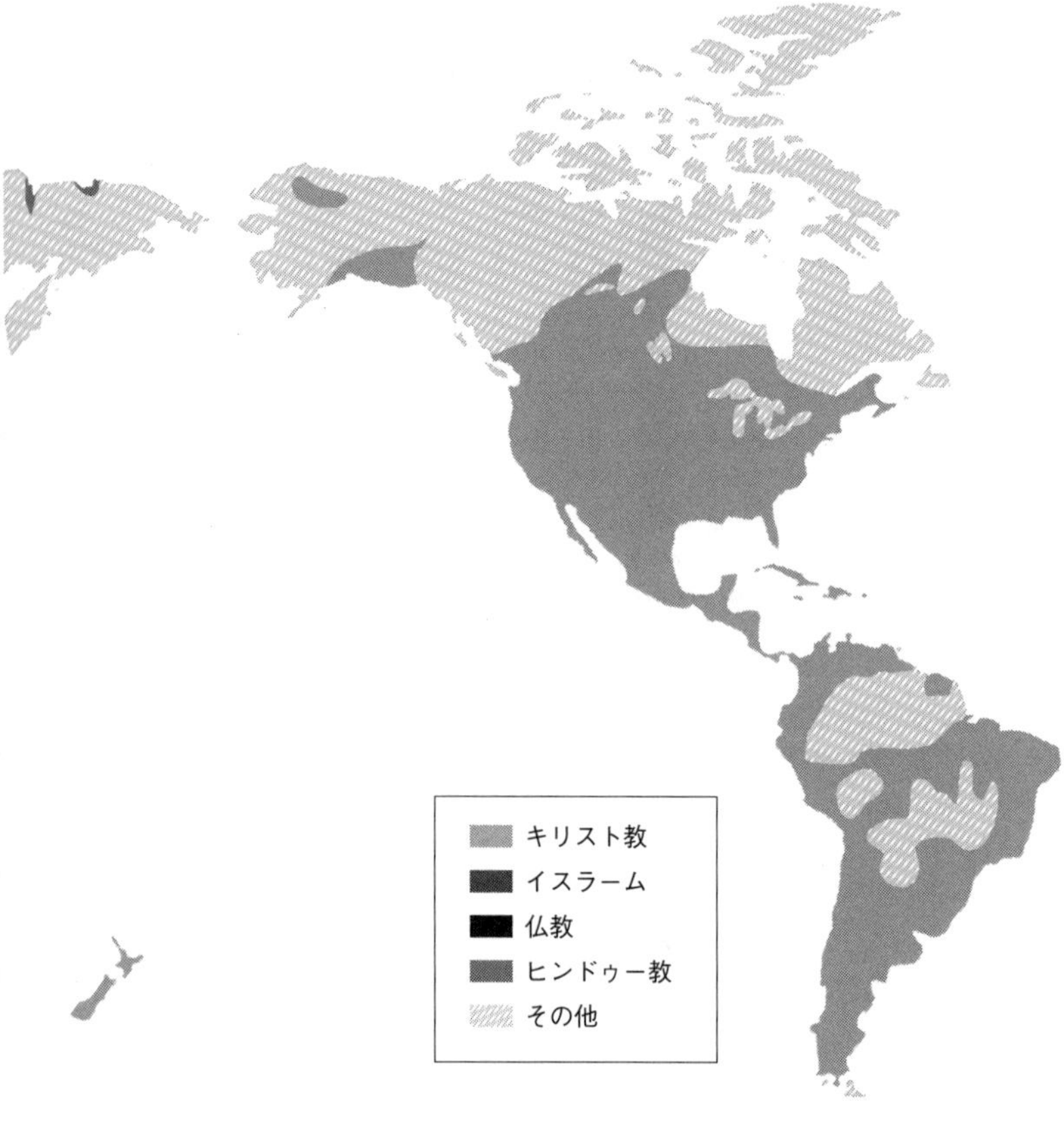

キリスト教
イスラーム
仏教
ヒンドゥー教
その他

世界の主な宗教分布

出所：外務省『開発教育・国際理解教育ハンドブック』より作成
※この地図は、あくまでおおまかな宗教分布を示したものです。日本で仏教や神道などがあるように、世界の各地域にはさまざまな宗教・宗派が混在しています

本書は２０１６年小社より刊行された『日本人のための世界の宗教入門』を改題し、抜粋、加筆、再編集しました。

第1章

キリスト教は
なぜ世界宗教に
なれたのか

ユダヤ教、キリスト教、イスラームの神の正体とは？

「世界3大宗教」という言葉があります。一般的には、キリスト教、イスラーム、仏教の3つの宗教を指します。

キリスト教とイスラームは、世界的に信者の非常に多い宗教です。キリスト教の信者はおよそ22億人、イスラームの信者（ムスリム）はおよそ16億人と推定され、それぞれ世界1位と2位の信者数を誇ります。世界の人口は現在、**約77億人といわれますから、そのうちのおよそ半分がキリスト教とイスラームの信者**ということになります。

仏教の信者数は、これら2宗教よりはかなり少なく4億人ほど。実は約10億人といわれるヒンドゥー教徒よりも、さらに少ないのです。ただ仏教は、ヒンドゥー教よりも世界中に広く信者がいるなどの理由で、一般的には世界3大宗教のひとつとなっています。

世界3大宗教とヒンドゥー教のほかに、もうひとつ忘れてはならない宗教があります。それはユダヤ教です。

主な宗教の信者数と世界人口に占める割合
(2010年→2050年)

【2010年】

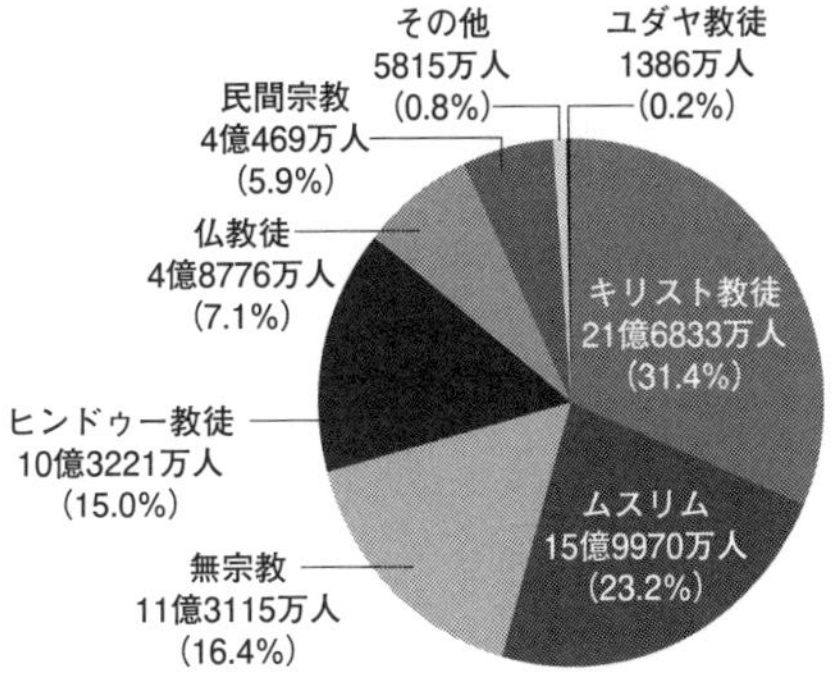

【2050年】

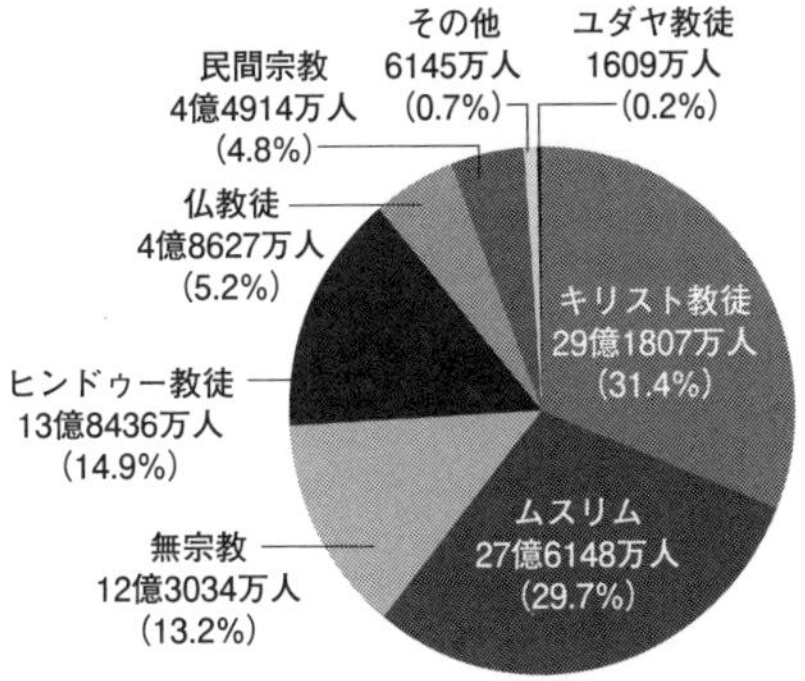

出所：ピューリサーチセンター (The Future of World Religions: Population Growth Projection, 2010-2050)

ユダヤ教の信者は世界的に見ると、非常に少なく、千数百万人というデータもあります。信者数だけ見ると、キリスト教やイスラームは言うに及ばず、ヒンドゥー教と仏教の足もとにも及びませんが、世界の政治や経済に及ぼす影響力は非常に強いのです。

これら5つの宗教で、あえて〝仲間〟を見つけるとすると、キリスト教、イスラーム、ユダヤ教の3つの宗教はひとつにくくることができます。それは**「セム的一神教」**というくくりで、いずれもセム語族によって生まれた宗教です。

セム語族はセム系の言語を使用する民族の総称で、古代バビロニア語、アッシリア語、アラビア語、ヘブライ語、フェニキア語、アラム語などがセム語に属します。セム語族は西アジア、アラビア、地中海東岸、北アフリカなどに居住していました。そのセム語族がつくった宗教、それがセム的一神教なのです。

セム的一神教は「一神教」と名前にあるとおり、ひとつの神を信じています。その神とは、**ヤーヴェ**であり、**ゴッド**であり、**アッラー**です。

これら3つはまるで違う言葉ですが、実はいずれも同じ意味で「神」と訳すことができます。ヤーヴェはヘブライ語、ゴッドは英語、アッラーはアラビア語で、意味はすべて「神」で、しかも同じ神を指しています。つまり、**ユダヤ教徒もキリスト教徒もムスリムも同一**

の神を信じているということです。

ヤーヴェ、あるいはゴッド、アッラーは強力な神で、日本人の感覚からすると、乱暴で怖い部分も少なくありません。たとえば『旧約聖書』には「おまえの子どもを生贄《いけにえ》として差し出せ」とヤーヴェが信者に命じたり、ヤーヴェが悪魔と賭けをして、信者の子どもや牧童、家畜を殺し、財産を奪ったりする箇所が出てきます。日本人の多くが抱く神様像とは、かけ離れた「神様」ではないでしょうか。

『旧約聖書』はユダヤ教、キリスト教、そしてイスラーム、それぞれの聖典です。この『旧約聖書』という名称はキリスト教から見た言い方で、ユダヤ教では単に『聖書』といいます。キリスト教には『新約聖書』がありますが、ユダヤ教の聖典は『聖書』（キリスト教で言うところの『旧約聖書』）のみだからです。

イスラームの第一の聖典は『コーラン（クルアーン）』で、第二の聖典ともいえるものは『ハディース』です。さらに『旧約聖書』も聖典のひとつとして認めています。『旧約聖書』がイスラームの聖典と聞いて驚く人もいるかもしれません。しかし、同じ神を信仰し、また、ともに偶像崇拝を禁止するなど、**先に成立したユダヤ教はイスラームに大きな影響を与えており、そのため『旧約聖書』はイスラームの聖典ともなっている**のです。

私たち日本人からすると、先述の生贄のエピソードのようにヤーヴェは恐ろしい部分も持っているうえに、常に信者を（この場合はユダヤ教徒を）助けてくれるとは限らないと思えるかもしれません。

歴史上、ユダヤ教徒は各地で何度も迫害の憂《う》き目にあっています。たとえば、中世期の十字軍の遠征時には、ユダヤ教徒は西ヨーロッパのキリスト教徒たちに襲われ、略奪や殺戮《りく》の被害を受けています。

もちろん、ナチス・ドイツによるホロコーストも挙げられます。数百万人ともいわれるユダヤ教徒がナチスに迫害され、虐殺されました。

しかしそれでも、ヤーヴェへの信仰は今も続いています。このあたりの感覚は私たちにはわかりにくいですが、信仰する人たちにとってヤーヴェという神は、それほどまでに尊く、力強く、圧倒的な存在なのでしょう。

なお、「ユダヤ教徒」「ユダヤ人」「ユダヤ民族」は同じなのか違うのか、という議論があります。ユダヤ人とはユダヤ教徒のことである、とする考え方もあるし、ユダヤ民族であってもユダヤ教を信奉しない人もいるから、ユダヤ人＝ユダヤ教徒ではないとする見解もあります。ユダヤ教徒、ユダヤ人、ユダヤ民族の定義はいろいろありますが、本書では

ユダヤ教、キリスト教、イスラームの特徴とは？

	ユダヤ教	キリスト教	イスラーム
信仰対象	ヤーヴェ	ゴッド (+イエス・キリスト+精霊＝三位一体)	アッラー
預言者	アブラハム モーセ ダビデ など	アブラハム モーセ 洗礼者ヨハネ など	ムハンマド アブラハム ノア モーセ イエス など
聖典	聖書（旧約聖書）	新約聖書 旧約聖書	コーラン ハディース 旧約聖書 新約聖書
聖地	エルサレム (イスラエル／パレスチナ)	エルサレム (イスラエル／パレスチナ)	メッカ （サウジアラビア） メディナ （サウジアラビア） エルサレム
宗教施設	シナゴーグ	教会	モスク
休日	土曜日（金曜日の日没～土曜日の日没）	日曜日	金曜日
主な決まり	●豚・馬肉やイカ・タコなどの摂取は禁止 ●休日（安息日）の労働は一切禁止	●食事の制限は特になし（一部宗派はアルコールや肉の摂取、喫煙などが禁止） ●数字の「13」が不吉の象徴 ●自殺は罪	●豚肉やイカ・タコ、ウナギ、アルコールなどの摂取は禁止 ●断食（ラマダン）やメッカ巡礼などが義務

原則として、あまり区別せずに使用していきます。

私たちが神を選んだのではない。神が私たちを選んだ

さて、宗教を信じているということは、その人のアイデンティティ、すなわち存在証明になります。しかも、圧倒的な存在証明です。

ユダヤ教では、毎週金曜日の日没から翌土曜日の日没までが安息日で、労働をしてはいけないことになっています。この間は仕事はせずに、ひたすら神を称えなさい、ということです。

ユダヤ教の安息日に禁止されていることは、そうした労働だけではありません。旅行をすることも、自動車を運転することも、料理をつくることも、ガスを使うことも、火をおこすことも、禁じられています。

電化製品を使うことも禁止されていますから、テレビも見られないし、パソコンも使えません。ユダヤ教を信奉している人たちは、これらの決まりをしっかり守っているのでしょう。

となると、どうでしょうか。

ユダヤ教徒は同じ厳しい行動習慣を持つ者同士として、互いの存在を認め合い、連帯意識が生まれてきます。さらには、自分は何のために生まれたのか、生きているのか、といったことに悩んだり、人生の意味について考えさせられたりする必要もなくなるのではないでしょうか。

宗教には、このようにアイデンティティを形成する要素があり、多神教より一神教のほうがより強力に、その人のアイデンティティに影響を与えます。

なぜなら、一神教の神は唯一絶対だからです。全能を有する強力な神です。

多神教のような「神々」では、神の能力も分散してしまいそうですが、すべての能力を持つ唯一の存在では、少なくとも信じる者は、すべてにおいて従わざるをえません。そのかわり、絶対的唯一神を信じる集団の一員であれば、安心感が得られ、アイデンティティが揺らぐこともありません。

そもそも人間は、どこかに所属していたい、何かのメンバーでいたいという欲求を持っています。基本的に人はひとりでは生きていけないので、そうした所属願望は当然のことでもあるでしょう。

しかも、所属する団体や組織が強力であれば、安心感はひとしおではないでしょうか。その点、一神教のリーダー、すなわち神はこの世をつくったことになっているわけですから、これ以上、力強い存在はありません。

この世をつくったことについては、『旧約聖書』の「創世記」に書かれています。「初めに、神は天地を創造された。地は混沌《こんとん》であって、闇が深淵《しんえん》の面《おもて》にあり、神の霊が水の面を動いていた」といった記述があります。そして光も、大空も、植物も、天体も、魚や鳥も、動物も人間も、神がつくったと記されています。まさに神が宇宙を創《つく》ったということです。その神、ヤーヴェにユダヤ民族は選ばれたのです。ユダヤ民族がヤーヴェを選んだのではなく、ヤーヴェがユダヤ民族を選んだ。ユダヤ民族からすれば、選んでくれたということです。この意識がユダヤ人の「選民意識」につながっていきます。

神に選んでもらった特別な存在である、我らユダヤ民族。迫害されることはあっても、最終的には救われ、ユダヤの民は繁栄する。そう信じているからこそ、どんなに迫害されても、ユダヤ民族はくじけません。十字軍に虐殺されても、ナチス・ドイツに虐殺されても屈しない。奴隷にされても、殺されても、ユダヤ教を捨てることはなかったのです。

奴隷にされたり、殺されたりされるくらいなら、自分のたちの宗教を捨ててもいいじゃないか。生き延びるためなら仕方ないじゃないか。日本人なら、そのように考えるかもしれません。しかし、ユダヤ人はそうは考えません。神に選ばれた民族という思いと誇りは、それほどまでに強いのです。

ユダヤ教はなぜ世界宗教になれなかったのか？

この世をつくった、天も地もつくった。こんなことのできる存在はたしかにすごいのですが、これは何もヤーヴェだけのエピソードに限りません。

たとえば、ギリシャ神話では、カオス（混沌）が充満するなか、ガイア（大地）とタルタロス（奈落《ならく》）が誕生します。やがてガイアは、星をちりばめたウラノス（天空）を産みます。ガイアは天空をつくっているのです。

日本の『古事記』には、イザナキとイザナミという男女の神が大八島国《おおやしまぐに》という日本の国土を生みなしたと記されています。

ほかにも、天地や国をつくった神話は各地にあります。しかし、ギリシャ神話や日本の神々を含め、それらの話は世界中で信仰されているわけではありません。**ヤーヴェのみが信仰の対象として世界に広がっていった**のです。それはいったいなぜなのか、という疑問が起こります。

ヤーヴェは本来、ユダヤ民族固有の神です。しかし、ユダヤ教は世界に広がっていきません。民族宗教といわれるにとどまり、世界宗教にはなれませんでした。

世界に広がっていったのは、ご存じのようにキリスト教とイスラームです。では、どうしてユダヤ教は広まらずに、キリスト教は広まっていったのでしょうか。

まず、ユダヤ教があまり広がらず、信者もそれほど多くないのか。このことについて考えてみましょう。

これはやはり、ユダヤ教が選民思想を持っていることが大きいと思います。自分たちは選ばれた民族であるという意識を強く持っており、そして、ユダヤ教徒になるには厳しい条件があるために、ほかの民族の人たちはユダヤ教徒になりにくかったのでしょう。

そうして考えると、ユダヤ教は排他的な側面を持っている宗教といえそうです。ただ、そもそも一神教自体が排他的といえます。ほかの神を認めないのですから。ユダヤ教徒はそのことに加え、選民意識を持っているために、世界宗教にはなっていないのでしょう。ではなぜ、キリスト教は民族宗教にとどまることなく、世界宗教になることができたのでしょうか。以下で少し視点を変えて見てみましょう。

プラットフォームとしての『旧約聖書』

先ほど、ギリシャ神話や『古事記』に出てくる神々は世界に広まっていないと書きました。しかし、ヤーヴェは世界の多くの人々に信仰されています。

何かしらのものが普及するときは、ある段階を超えると、自己拡大するように勢力を一気に広めていくことがあります。最近の例でいえば、スマートフォン（スマホ）があります。スマホが登場して、ある段階の普及率を超えると、従来式の携帯電話を駆逐するように、スマホが席巻《せっけん》していきました。

少し古い話ですが、かつてはビデオテープでＶＨＳとベータの争いがありました。日本ビクターなどが生産していたＶＨＳと、ソニーなどが生産していたベータが規格を競ったのです。ベータはＶＨＳより小型で、機能も決して悪くなかったのに、大きめだった

ＶＨＳがこの競争に勝利しました。結局、ベータの生産・販売は先細りとなり、ＶＨＳのビデオテープが多くの家庭で使われるようになりました。

これらの事例でわかるのはプラットフォーム、つまり基本的な環境や設定、基盤をつくることの重要性です。アップルやグーグルなどのＩＴ企業はプラットフォームをつくることに成功したこともあって、世界的な大企業に成長しました。これらのＩＴ企業が製品や物事の規格の多くを定めたのです。


話を宗教に戻します。

ヤーヴェに見られる特徴は先に書いたように、ギリシャ神話や日本の神々にも通じるものです。もちろん、すべてではありませんが、共通する部分が少なからずあります。ということは、ヤーヴェの話を中心とする『旧約聖書』の物語に絶対的なオリジナリティがあったわけではないということです。メソポタミアの神話の影響も見られます。

ギリシャ神話にも『古事記』にもそれぞれオリジナリティはあるし、それぞれ似たところもある。しかし、ヤーヴェを信仰し、『旧約聖書』も聖典とする宗教、つまりキリスト教は、世界中に普及しました。それは今、スマホや、あるいはかつて、ＶＨＳが全国に広がっていったのと似ています。

つまり、**ヤーヴェを信仰する宗教はあるときにユダヤ教とは別のシステムを確立し、それがプラットフォーム＝基盤となって、世界宗教へと大発展していった。**そのようにとらえることもできるのです。

イエスがユダヤ教を解放した

先述のように、ユダヤ教の根本には選民思想があります。選民思想とは、選ばれた民族は救われるという考え方です。つまり、民族救済の宗教です。個人救済ではありません。

このように、ユダヤ教は本来、ユダヤ民族を救うための宗教だから、ほかの民族にはほとんど広がりません。これを広く布教するには、ユダヤ教にある制限やこだわりを取り払わないといけないわけです。そこで、それを行ったのがイエスなのです。

イエスは紀元前4年ごろにパレスチナで生まれました。同時代のこの周辺の大国はローマです。

ローマは当時、カエサルの独裁や第2回三頭政治を経て、オクタヴィアヌス（アウグストゥス）が事実上の帝政を開始し、ローマ帝国になっていました。パレスチナはそのローマ帝国の属州で、貧しく苦しんでいる人が大勢いました。パックス・ロマーナ（ローマの平和）という言葉がありますが、征服された人々にとってはつらいことが多かったでしょう。

当時のパレスチナの多くの人がそうであったように、イエスもユダヤ教徒でした。**ユダヤ教徒であったイエスが何をしたかといえば、その大きな功績はユダヤ教を広く解放したことです。ユダヤ民族を選民とはとらえず、罪人であってさえも救われると説きました。**どこかの民族だけを救済するというわけではなく、誰であろうと一人ひとりを救済するという教えです。

『新約聖書』の「ルカによる福音書」には、「善《よ》いサマリア人のたとえ」という話が載っています。

あるとき、旅人が追いはぎに襲われて、道に倒れていました。そこを通りかかったユダヤ教の祭司は、その人を助けることなく通りすぎます。次に通りかかったレビ人（祭司よりは下位の階級で、宗教的な任務に携わる者）も、やはり彼を助けることなく、通りすぎていきます。

3番目にサマリア人が通りかかります。サマリア人は旅人をあわれに思い、傷の手当てをし、宿屋に連れていって介抱しました。サマリア人はさらに宿屋にお金を払い、「足りなかったら、自分が払う」とまで言います。

イエスが生きていた当時、ユダヤ人はサマリア人を蔑《さげす》み、差別していました。しかしイエスは、このような場合、地位の高いユダヤ教の祭司やレビ人よりもサマリア人のほうがよき隣人ではないかと問いかけます。ユダヤ人を特別扱いしていないのです。

また、当時のユダヤ教では、徴税人や売春婦、病人などは差別され、神に救われることはないとされていました。

ユダヤ教の戒律を重んじる立場からすると、たとえば安息日に労働することはタブーです。しかし、売春婦や病人を持つ家族などは、その戒律を守るのは難しい。働かなくてはますます貧しくなり、暮らしていけなくなるからです。

『新約聖書』の「マタイによる福音書」には、次のようなことも書かれています。

イエスはマタイという弟子の家で、徴税人や罪人と見なされた人たちと食事をしていました。そこで、ユダヤ教の律法学者やファリサイ派（パリサイ派とも）の人たちがイエスの弟子に聞きます。

「なぜイエスは徴税人や罪人と一緒に食事をしているのか」

これを聞いたイエスは答えます。

「医者を必要とするのは、丈夫な人ではなく病人である。私が来たのは、正しい人を招くためではなく、罪人を招くためである」

ちなみに、ファリサイ派は「分離する者」という意味です。律法を厳格に守ることを主張したユダヤ教の一派で、律法を守らない者を糾弾したり差別したりしました。見方によっては形式主義に陥っているととらえることもでき、イエスはファリサイ派をしばしば非難しています。

また『新約聖書』の「ヨハネによる福音書」には、次のような箇所があります。

イエスが民衆に神の教えを語っていると、ファリサイ派の人たちがひとりの女性を連れてきて言います。「この女が姦通《かんつう》しているところを捕まえました。モーセの律法では、こういう女は石で打ち殺すことになっています。あなたはどうしますか」と。それに対し、イエスは答えます。**「あなたたちのなかで、罪を犯したことのない人が石を投げなさい」**と。

結局、この女性に石を投げた人はいませんでした。罪を犯したことのない人など、いるはずがないからです。

イエスはこうした言葉を述べ、実際に行動もして、ユダヤ教に横たわるさまざまな選民

イエス・キリストは売春婦にやさしかった!!

思想やその意識を批判し、人々を解放していったのです。そしてそれは、ユダヤ教を万人に解放することにもなりました。

神の教えは分け隔てなく、誰に対しても開かれていると、イエスは説きました。誰であっても、神を信仰するだけで救われると。ユダヤ人だけでなく、サマリア人も徴税人も売春婦も病人も、等しく救われると。こうして、イエスによって開かれたことがヤーヴェを神とする宗教が世界宗教となる大きな契機になったのです。

イエスはキリスト教の開祖ではなかった！

ここで、ひとつ注意しておきたいことがあります。それは**キリスト教という宗教を始めたのはイエスではない**ということです。

イエスはユダヤ人で、ユダヤ教徒として生きた身ですから、新しい宗教を創設した意識はなかったはずです。イエスはむしろ〝ユダヤ教の改革者〟と位置づけられるでしょう。

ユダヤ教のあり方を批判し続けるイエスは、ユダヤ教の指導者層に命を狙われるようになります。彼らはイエスを捕らえて、処刑することを考えました。それにもめげず、布教し続けるイエス。しかし、自らの弟子のひとり、ユダの裏切りにあい、イエスは捕まってしまいます。

その後、イエスはユダヤ教の指導者たちによってローマ帝国の総督、ピラトに引き渡され、最後には十字架に磔《はりつけ》にされ、処刑されてしまいました。30代前半だったといわれます。

戒律にがんじがらめになっているユダヤ教。そのユダヤ教を改めようと、いわば宗教改革を試みたイエスは志半ばで殺されてしまったようなものです。

とはいえ、イエスは〝復活〟します。生き返って、復活したと信じる人たちが現われるのです。

イエスの復活を信じる者たち、そして、イエスの遺志を継ぐ者たち。それはペトロ（ペテロ）、ヨハネ、マタイ、ユダなどの十二使徒やパウロたちです。キリスト教という宗教が形作られる過程では、彼ら、イエスの弟子が大きな役割を果たしました。**弟子たちの活動によって、イエスの教えはユダヤ民族以外にも普及していった**のです。

布教において、とくに大きな役割を果たしたのはパウロです。イエスの教えをもとにパウロがキリスト教をつくったといわれるほど、キリスト教の形成に関しても、パウロは多

	トマス Thomas	弟子になった経緯は不明。処刑されてから3日後、イエスは復活したが、それを信じなかったことから、「疑い深いトマス」と呼ばれる。インドで布教中、異教徒に刺され殉教。
	マタイ Matthew	元徴税人。ある日、税収所を通りかかったイエスに「私に従いなさい」と言われ、その場で仕事を捨て弟子入り。エチオピアで布教中、説教の内容が王の怒りに触れ、剣で刺され殉教したとされる。
	小ヤコブ James the Less	マタイの弟。弟子になった経緯は不明。イエスと姿形が似ていたことから「主の兄弟」と呼ばれていたという。エルサレムで説教中、ユダヤ人に神殿の屋根から突き落とされ、石打ちにされ、最期はこん棒（槌）で頭を殴られて殉教したとされる。
	タダイ Thaddeus	弟子になった経緯は不明。別名ユダ・タダイ。裏切り者のユダと同じ名前のため、カトリックではタダイへの祈りが避けられていたことから「忘れられた聖人」とも呼ばれる。アルメニアで宣教中、斧で斬られ殉教したとされる。
	熱心党のシモン Simon the Zealot	弟子になった経緯は不明。熱心党とは、ユダヤ民族独立を目指す反ローマ帝国の過激派組織。イエスの死後、考えを改め伝道者へと転身。タダイとペルシャで布教中、のこぎりで切られ殉教したとされる。
	イスカリオテのユダ Judas Iscariot	弟子になった経緯は不明。イエス一団の会計を任される。その後、イエス殺害を狙うユダヤ教指導者に近づき、銀貨30枚と引き換えにイエスを裏切る。イエスに死刑宣告が下ると、ユダは後悔し宗教指導者に銀貨を返しに行くも拒絶され絶望。銀貨を神殿に投げ込み自ら首をつって命を絶つ。
	マティア Matthias	弟子になった経緯は不明。ユダの死後、新たな使徒としてバルサバという弟子とともに候補となり、くじ引きで選ばれる。その後、各地で布教し、最後は石打ちで殉教したとされるが詳細は不明。

十二使徒って どんな人たち？

	ペトロ Peter	元漁師。ガリラヤ湖で漁をしているところ、イエスに弟子としてスカウトされる。イエスの最初の弟子の１人。イエスから天国のカギを預かったとされる。初代ローマ教皇。ペトロの墓とされるバチカンの丘にサン・ピエトロ大聖堂が建てられた。
	アンデレ Andrew	元漁師。兄弟のペトロとガリラヤ湖で漁をしているところ、イエスに弟子としてスカウトされる。イエスの死後、ギリシャ方面で宣教活動をするも、ローマ総督に捕まりX字型の十字架で処刑。
	大ヤコブ James the Great	元漁師。ペトロ、アンデレ同様ガリラヤ湖で漁をしていたところ、イエスに弟子としてスカウトされる。エルサレムで捕らえられ最初の殉教者に。その後、遺体といわれるものがスペインで発見されたため、スペインの守護聖人とされる。
	ヨハネ John	元漁師。兄弟の大ヤコブとガリラヤ湖で漁をしていたところ、イエスに弟子としてスカウトされる。イエスが磔の刑に処せられた際は、ただひとりその場に居合わせた。使徒のなかで唯一殉教しなかったという。
	フィリポ Philip	ヨルダン川の岸辺でイエスと出会い、「私に従いなさい」と言われ、弟子となった。イエスの死後、サマリヤやギリシャなど広い範囲で布教活動を行う。だが異教徒に捕らえられ、２人の娘とともに石打ちの刑で処刑された。
	バルトロマイ Bartholomew	友人のフィリポの紹介でイエスと出会い、弟子となる。「ヨハネの福音書」ではナタニエル。イエスの死後、フィリポとともに布教活動中、捕らえられるも、刑の途中で地震が起き釈放される。その後、アルメニアで宣教中に捕らえられ、皮はぎの刑で殉教。

大な貢献をしました。ちなみに、**「キリスト」はギリシャ語で「救世主」の意味**です。

パウロはもともとファリサイ派のユダヤ教徒で、イエスと彼の教えに従う人たちを迫害する側にいました。それが、あるとき目から鱗《うろこ》のようなものが落ちて回心《かいしん》し、イエスの教えを信じるようになります。ちなみに**「目から鱗が落ちる」という諺《ことわざ》は『新約聖書』に出てくる、この「サウロの回心」というエピソードに由来します。サウロはパウロの別名**です。

パウロは小アジアやヨーロッパの各地を旅行し、宣教活動をしています。苦難に満ちた宣教旅行でした。最後には、エルサレムでローマ帝国によって逮捕され、ローマに護送されます。その後、2年ほどローマで布教活動をして、紀元65年ごろに亡くなったといわれています。今から2000年近く前、ローマの皇帝はネロでした。

こうして見ると、キリスト教はイエスの弟子たちによってつくられたという見方ができそうです。少なくともイエスがキリスト教を創設したわけではなく、パウロなど、イエスの死後に彼の遺志を継いだ人たちによってキリスト教が形作られていったということです。

とはいえ、キリスト教の根幹を考え出したのはイエスです。神の存在を信じ、「神を信じます」と言うだけで、誰であっても神との関係ができて救われる。ごく簡単にいえば、そうした「個人救済」への改革をイエスは行いました。これは画期的なことでした。ユダヤ教を、ヤーヴェを、イエスは人々に解放したのです。

迫害から国教化へ

イエスがユダヤ人の選民思想を否定し、ユダヤ教をユダヤ人から解放したことがイエスの教えを世界宗教にした要因のひとつです。そのイエスの教えは弟子たちに受け継がれ、キリスト教という新たな宗教を形成していきました。

もうひとつ、キリスト教が世界宗教になりえた大きな理由があります。それは教会の力です。

イエスの死後、パウロらイエスの弟子たちの尽力で広まっていったキリスト教は、ユダヤ教などにくらべると「新しい宗教」です。いわば当時の新興宗教ですから、いかがわしいものと見られることも多かったでしょう。当然、そう簡単に広まるわけはありません。

とくに、ローマ帝国内での布教活動は厳しいものでした。信者たちは「カタコンベ」と呼ばれる地下の共同墓所に集まって、密かに集会を開いたりしました。

一方、ローマ皇帝による弾圧は凄惨を極めます。たとえば皇帝ネロは、64年にローマで大火事が起きた際、キリスト教徒が犯人だと断罪し、多くの信者を迫害しました。パウロと同様に、ペトロもネロの時代に殉教したと伝えられています。

また、皇帝ディオクレティアヌスは4世紀初め、非常に多くのキリスト教徒を処刑しています。自身を「主にして神」とするディオクレティアヌスは、自分ではない「唯一の神」を信奉するキリスト教徒を許せなかったのです。

このように、300年以上にわたって、キリスト教徒は苦難の道を歩みました。〝潮目〟が変わったのは、ディオクレティアヌスのあとです。彼の死後、コンスタンティヌスが皇帝になりました。

コンスタンティヌスは313年、ミラノでキリスト教を公認するという勅令を発布しました。いわゆる**「ミラノ勅令」**です。これは「キリスト教を信じてもよい」という大変更です。ディオクレティアヌスがキリスト教を大弾圧してわずか10年ほどで、キリスト教に対する見方は大きく変わりました。弾圧しても増え続けるキリスト教徒を、もはや認めないわけにはいかなかったのでしょう。

さらに**380年、時のローマ皇帝、テオドシウスはキリスト教を国教にします。**そして

「手の平返し」となった
キリスト教とローマ帝国の関係
BAD
キリスト教迫害！
ネロ
（在位 54～68年）
大火事を理由に…
ヒー!!
聖書焼却！教会破壊！
ディオクレティアヌス
（在位 284～305年）
やめてくれー！
GOOD
ミラノ勅令
キリスト教を信じてもよい！
コンスタンティヌス
（在位 306～337年）
えっ！
！
キリスト教を国教に！
テオドシウス
（在位 379～395年）
ヤッター!!

392年、キリスト教以外の宗教を禁じ、ローマ帝国の臣民全員がキリスト教を信じなくてはいけなくなりました。信じると迫害され、場合によっては殺されてしまう状況から、信じなくてはいけなくなった。まさに180度の大転換です。

皇帝を屈服させた「カノッサの屈辱」

こうした過程のなかで、大きな力を持つようになっていったのが教会です。信者が集まり、祈る場を教会の始まりとすると、最初期の教会の中心人物になったのは十二使徒の筆頭でもあるペトロです。事実、ペトロはカトリック教会の初代教皇と見なされています。

キリスト教がローマ帝国の国教になったということは、国家のお墨付きを得たということ。これは極めて大きな後ろ盾です。

しかし、こうした状況は、実はキリスト教本来の教えからはズレています。かつて「カエサルのものはカエサルに、神のものは神に」と、イエスは言っていたのです。カエサルは、ローマ帝国の礎を築いた政治家、軍人ですから、すなわち、イエスの言葉においては政治権力の象徴ということ。にもかかわらず、キリスト教は国家と深くつながってしまいました。

キリスト教は本来、神と個人が直接つながることを重要視していました。安らかなとき、苦しいときを問わず、個として神を思い、信じ、対話をする。それが本来あるべきキリスト教の姿です。

しかし、そこに教会が現われ、神と個人を仲介するようになります。神は何をお考えになり、何を仰《おお》せなのか——。そのことを知るために、教会を通さなくてはいけなくなりました。ローマ帝国の支えを得た教会はやがて神の代理人として、絶大な権力を持つようになっていったのです。

キリスト教において、神は圧倒的な力を持っています。誰も逆らうことができません。教会はその代理人ですから、これもまた、圧倒的な力を持つようになっていきました。民衆から寄進という形で多くの財産が教会に寄付されるようになり、富、すなわち財力も持つようになっていきます。

教会は年々、力を強めていき、その長たる教皇の権威・権力は、いよいよ隆盛を誇るようになりました。

その象徴的な出来事が起こったのが１０７７年のこと。神聖ローマ皇帝（ドイツ皇帝）

のハインリヒ4世と教皇グレゴリウス7世が対立し、皇帝のハインリヒ4世が教皇のグレゴリウス7世に屈服する事件が起きたのです。

経緯を少し説明しましょう。北イタリアの聖職者の叙任権を巡って、ふたりは対立していました。教会の聖職者は従来、神聖ローマ皇帝が任命していましたが、グレゴリウス7世はこれに異を唱えます。ここに両者の争いが起こり、対立は深まる一方でした。

そこで、**教皇グレゴリウス7世は伝家の宝刀を抜きます。彼は自分に従わないハインリヒ4世を破門、すなわちキリスト教徒の資格を剝奪した**のです。ハインリヒ4世はグレゴリウス7世に謝罪するために、ドイツからグレゴリウス7世の滞在していたイタリアのカノッサ城におもむきます。雪の舞うなか、ハインリヒ4世はその城の外でグレゴリウス7世に詫び続けたといいます。これがいわゆる**「カノッサの屈辱」**です。

皇帝には武力、軍事力があります。一方の教皇に武力、軍事力はありません。それでも、皇帝のハインリヒ4世は教皇のグレゴリウス7世に屈してしまいました。

どうしてでしょうか。

実はドイツ国内の諸侯たちが、破門された人物を皇帝とは認められないと言い出したのです。これはつまり、このころには、それほどまでにキリスト教は、もっといえば、教会は絶大な力を持つまでになっていたということです。

さらに、のちの教皇インノケンティウス3世は、イギリス王のジョンを破門にしたり、フランス王のフィリップ2世を屈服させるなどして、イギリスやフランスの政治に介入します。**「教皇は太陽、皇帝は月」**の言葉とともに、インノケンティウス3世は教皇権の絶頂期を築いたのです。

キリスト教の教会のトップが、世の中で最も大きな権力を持つまでになったということです。なにしろ皇帝も王も、教皇の前にひざまずくのですから。キリスト教の信者であるだけで迫害されたり、虐殺されたりしたころからすると、まさに隔世の感があります。

ここで、キリスト教が世界宗教になった理由を今一度、整理してみると、**ひとつはイエスがヤーヴェを、ユダヤ教を解放したことが非常に大きい**ということです。神を信じる者は皆必ず救われる、という個人救済は、門戸を大きく開きました。これが根本です。

もうひとつは、**教会という〝場〟が組織として成功したこと**です。そしてイエスの生と死を神格化し、強烈な魅力を持つ宗教へと発展させました。これら2点が強く作用して、キリスト教は世界中に拡大していったと考えられます。

侵略によって広まっていったキリスト教

キリスト教が拡大していく過程では、悲惨な出来事も数多く起きています。たとえば、スペインで生まれたカトリックの司祭、ラス・カサスによって書かれた『インディアスの破壊についての簡潔な報告』（染田秀藤訳、岩波文庫）には、目を覆いたくなるような凄惨な場面が数多く登場します。

時は大航海時代の16世紀前半。

「キリスト教」と「文明」の名の下に、スペイン人たちは新大陸へ乗り込みます。そこで彼らは、殺戮の限りを尽くしました。友好的にもてなしてくれた現地の人たちを、スペイン人たちは殺し続けたのです。身重《みおも》の女性も、赤ん坊も、老いも若きも、男も女も、次々に殺していきます。

さらに家に火をつけ、家々を焼き尽くします。猟犬をけしかけ、食い殺させたこともありました。このようにスペイン人たちは、虐殺に次ぐ虐殺を繰り広げたのです。

宣教師であるラス・カサスは、さすがに心が痛んだのでしょう。無抵抗で、友好的ですらあった人たちを虐殺する行為が果たして神の御心《みこころ》に添うものなのか、疑問を抱いたのです。そこでスペイン国王に対し、起きていることを報告し、彼《か》の地の征服をやめるように訴えました。スペイン人たちの残虐な行いの一端は、先述の『インディアスの破壊についての簡潔な報告』などの本で、今でも知ることができます。

サッカーの試合では、ブラジルやアルゼンチン、コロンビア、メキシコなどの中南米の代表選手がゴールを決めた際、十字を切ることがあります。彼らはキリスト教徒で、十字を切って、神に祈りを捧げているのです。

中南米には現在、多くのキリスト教徒がいます。なぜかというと、スペインやポルトガルが、かつてそれらの地を植民地にして、自分たちの宗教であるキリスト教を布教したからです。

イギリスなどのキリスト教国は、アフリカでも残虐な行為をしました。16世紀後半から19世紀初頭まで、1000万人以上のアフリカ人が奴隷としてアメリカ大陸などに運ばれたといわれます。奴隷が詰め込まれた奴隷船のなかはまさに地獄でした。その劣悪な環境で、大勢の人が亡くなったのです。

無論、生き残っても奴隷としてプランテーション（大規模農場）などで過酷に働かされ、多くの人が悲惨な運命をたどりました。

汝《なんじ》の隣人を愛せよ――。

そうイエスは言ったはずです。しかし、キリスト教徒のなかには、大勢の人を殺した人たちもいました。世界各地を植民地化して、現地の人たちを虐殺し、奴隷にしていったのは、圧倒的にキリスト教徒です。

愛の教えがなぜ……。ラス・カサスでなくとも、疑問に思うはずです。

皮肉なことに、植民地で生き残った先住民たちにとってキリスト教の教えは救いとなり、その多くはキリスト教徒になっていきます。これはつまり、侵略者、殺戮者たちの宗教を信じるようになっていったということです。キリスト教はこのような形で、世界に広まっていったのです。

宣教師と教会を使って支配していった

世界各地を植民地にし、現地の人々を殺したり奴隷にしたりしていったヨーロッパのキリスト教徒たち。ではなぜ、隣人愛を説くイエスの教えに反するような、殺戮や強奪、暴行、放火、他民族の奴隷化などを行ったのでしょうか。

理由のひとつとして、キリスト教徒といえども、皆が皆、イエスの教えを理解し、自分のものにしていたとはいえないことが挙げられるでしょう。表面的には信者であっても、理解も行動も伴わない信者が数百年前にも大勢いたのです。

もうひとつは、一神教の排他性も強く働いたのかもしれません。神を信じ、イエスを信じ、キリスト教を信じている人たちは、共通の価値観を持っていますが、キリスト教を信じていない人とは相容れない。相容れないだけではなく、人間と考えず、人と認めない。

この世界や宇宙を創った神を知らず、信じもしないような存在は人間ではなく、動物に等しい。人間でないのだから、隣人ではない。動物だから、人間のために殺してもかまわない。ためらうこともない。そうした論理になりかねません。

「我々にかたどり、我々に似せて、人を造ろう。そして海の魚、空の鳥、家畜、地の獣、地を這《は》うものすべてを支配させよう……」

『旧約聖書』の「創世記」にはこういう文章もあります。現地人、先住民を「地の獣」と見なすと、支配してもかまわない存在になります。

イエスの「汝の隣人を愛せよ」の「隣人」は、ほかの民族やほかの宗教を信じている人も含んでいたと思いますが、信者たちの考えは必ずしもそうではありませんでした。これは、イエスの教えを表面的にしかわかっておらず、その教えの本質を理解していなかったためともいえるのではないでしょうか。

ヨーロッパの国々が世界各地を植民地化していった時代は、人間の欲望が果てしなく膨張した時代でもあります。とすると、征服欲や支配欲がキリスト教の教えよりも勝《まさ》っていたともいえそうです。その欲望の犠牲になった人たちはあまりに悲惨ですが、そのようにしてキリスト教は世界各地に広まっていった側面もあるのです。

先住民たちが心のより所にしている土着の信仰を捨てさせて、自分たちの宗教、つまりキリスト教を信じさせる。すると、自分たちの同類になるだけでなく、先住民を精神的にコントロールしやすくなります。同じ神を信じる者だから、「神がこう言っている」「神の指示どおりにしなさい」と、神を持ち出すことで支配もしやすくなるのです。

ただ実際に、ヤーヴェ、あるいはゴッドが「私はこう思う。このとおりにしなさい」と言ったわけではありません。そこで活躍し、威光を放つのが教会です。**教会が発する言葉**

が神の言葉として人々に伝えられることで、暴力行為をもってだけでなく、精神的にも先住民たちを支配下に置くことができるようになっていったのです。

ヨーロッパの国々が侵略行為をした際、宣教師を伴うことがありました。宣教師がいると、教会をつくりやすい。宣教師がいて教会もあると、キリスト教の神の言葉を発することもできるようになる。

すると、生き残った現地の人たちやその子孫を〝教育〟しやすくなります。さらには、教会への寄進を通じて、金銭的な支配も強められます。ヨーロッパの国々はこうして、総合的に現地の人たちをコントロールしていったと考えられます。

日本にキリスト教が普及していない理由

世界中に広まっていったキリスト教。その世界のなかには日本も含まれるわけですが、現在、日本人のキリスト教徒は多くありません。クリスマスやバレンタインデーなどのキリスト教にまつわる行事はかなり定着していますが、これらはあくまで行事であって、キリスト教に対する信仰心とはまるで別物です。

では、どうして日本でキリスト教は、さほど広まらなかったのでしょうか。理由はいくつか考えられます。

キリスト教では、『旧約聖書』と『新約聖書』がセットになって「聖書」になっています。『旧約聖書』はもともとユダヤ教の聖書で、ユダヤ民族のための聖典です。そこには、モーセに導かれてエジプトを脱出する話やイスラエル王国の統一や分裂、滅亡に関する話なども書かれています。

そうした話がたくさん出てくる書物を「教典です」とか「神の教えです」などと言われても、感覚的に遠すぎてピンと来ない日本人が多いのではないでしょうか。つまり、自分たちが信じる宗教としては実感しにくく、違和感があるのでしょう。

「原罪」という概念も、日本人にはなじみにくいように思います。アダムとイブ（エバ）が神に背いて、禁断の木の実を口にしたことに端を発する人類最初の罪である原罪。この実は善悪の「知識の実」で、アダムとイブはこれを食べて、神に近づこうとするという罪を犯したわけです。このことは『旧約聖書』の「創世記《そうせいき》」に記されています。ここから、**キリスト教では、すべての人間は生まれながらにして罪を負っている**とされています。

しかし、日本人の感覚からすると、生まれてきた赤ちゃんに罪があるとはとても思えないでしょう。祝福されこそすれ、罪深い子だな、とは思わないはずです。

さらに、ヤーヴェという厳しく荒々しい部分もある神が、受け入れにくいということもあるかもしれません。日本人は平穏をとても好みますし、白黒つけず、あいまいであることもよしとする民族です。そういう日本人に、キリスト教に限らず、セム的一神教は合わないのではないでしょうか。

考えてみると、日本にキリスト教が広まるチャンスは少なくとも3回はありました。ひとつは戦国時代から安土桃山時代、ふたつ目は明治維新、3つ目は太平洋戦争後です。これらはかなり大きなチャンスだったと思うのですが、いずれもキリスト教の本格的な布教にはつながりませんでした。

キリスト教は、なぜ三度の布教チャンスを逃したのか？

まず戦国時代から安土桃山時代には、1549年にイエズス会のフランシスコ・ザビエルが最初に来日したのを皮切りに、多くの宣教師が来日しました。

宣教師側から見ると、当初はかなりの成果をあげました。高山右近《たかやまうこん》、小西行長《こにしゆきなが》、蒲生氏《がもうじ》郷《さと》など、大名でキリスト教徒になる人物、いわゆるキリシタン大名も出てきたほどです。

戦国時代の覇者、織田信長もキリスト教を容認しました。そのあとを継いだ豊臣秀吉も当初は容認していたのですが、途中で方針を転換し、バテレン追放令を発布します。このときは秀吉の嗅覚が働いたのか、イエズス会が日本の信者を自らの支配下に置こうとしているのをかぎ取って、それを防ごうとしたようです。

日本のトップであるという自負と民を守る責任感があった秀吉からすると、イエズス会というキリスト教の教団は危険で邪魔な存在になったのでしょう。

秀吉のこの危機感は、中南米などの歴史を見てみると、的を得ていたともいえます。先ほど書いたように、肉体的にも精神的にも金銭的にもコントロールされ、収奪されていった中南米などのありようを見ると、**もし秀吉がバテレン追放令を出していなければ、キリシタン大名がさらに増えて、その領民、つまり全国の庶民にまでキリスト教が広まっていった可能性があります**。

あるいは、武力を背景にスペインなどが日本人にキリスト教への改宗を迫ったかもしれません。秀吉はその事態を防いだといえるかもしれません。

主なキリシタン大名ってどんな人？

大村純忠《おおむらすみただ》 (1533～1587)	**洗礼名ドン・バルトロメオ**。肥前国三城城主（長崎県南大村市）。日本初のキリシタン大名。1563年洗礼。1582年、ヨーロッパに天正遣欧少年使節を送る。妻とキリスト教式の婚姻を結び、側室を追放したとされる。1587年、バテレン追放令の直前に居宅で死去。
有馬《ありま》晴信《はるのぶ》 (1567～1612)	**洗礼名ドン・プロタジオ**。肥前国日野江藩主（長崎県南島原市）。大村純忠の甥。1580年洗礼。豊臣秀吉の朝鮮出兵にも参加。のち、徳川家康に疑獄事件の責任から自害を命じられたが、自殺はキリスト教の教義に反するため、家臣により斬首されたという。
大友宗麟《おおともそうりん》 (1530～1587)	**洗礼名ドン・フランシスコ**。豊後国府内（大分県大分市）出身。1551年、布教にやってきたイエズス会のフランシスコ・ザビエルと出会い、キリスト教を知る。1578年洗礼。一時、九州最大の勢力へと拡大するも、やがて島津家の侵攻や家人の反乱などにより衰退。1587年、秀吉の九州平定直後に病死。
蒲生《がもう》氏郷《うじさと》 (1556～1595)	**洗礼名レオン（レオ）**。近江国蒲生郡（滋賀県蒲生郡）出身。織田信長の家臣として活躍、信長の死後は秀吉の配下で武功を立て、1590年会津に移封。鶴ヶ城城下の会津若松を開発する。1585年ごろ洗礼。会津から遣欧使節団を複数回送ったといわれる。
高山《たかやま》右近《うこん》 (1552?～1615)	**洗礼名ジュスト（ユスト）**。摂津国（大阪府）出身。1563年洗礼。宣教師オルガンティノの助言に従い信長につき、信長の死後、秀吉、家康に仕えたが、1614年キリシタン国外追放令によりフィリピンのマニラに出国。だが到着して間もなく病死する。2017年、ローマ教皇庁により福者に認定。
小西《こにし》行長《ゆきなが》 (1558～1600)	**洗礼名アウグスティヌス**。肥後宇土城主（熊本県宇土市）。秀吉配下の武将として活躍。1584年、高山右近の勧めもあり洗礼。朝鮮出兵に参加し、1598年の秀吉の死後帰国。1600年、関ヶ原の戦いに西軍の一員として参戦し敗北。捕縛され、キリストとマリアのイコンを掲げた後、首を斬られたという。

明治維新から明治時代前半にかけての期間も、日本にキリスト教が広まる大きなチャンスだったでしょう。なにしろ文明開化や欧化政策を掲げ、西洋の考えや文化、文明を積極的に受け入れた時期ですから。

実際、内村鑑三《うちむらかんぞう》や新渡戸稲造《にとべいなぞう》たち、キリスト教に入信した知識人やエリート層も多数いました。しかし、全体にはあまり広がりませんでした。なぜかというと、明治政府は天皇を中心とする国家神道をつくって、国民全員にそれを信じるようにさせたからです。明治の初年には、「廃仏毀釈《はいぶつきしゃく》」まで行っています。政府主導で仏教排斥運動を展開し、各地の仏堂や仏像などが破壊されていきました。

1000年を超えて日本に根づいていた仏教ですら、こうした悲惨な目にあったのです。基本的には鎖国されていた江戸時代ののちに、新参の宗教としてやってきたキリスト教が広まる余地などなかったのが実情でしょう。

日本にキリスト教が広がったかもしれない3つ目の可能性として考えられるのは、戦後です。

日本はアメリカなどの連合国に負けて、とりわけアメリカの文化が怒濤《どとう》の勢いで入ってきます。この文化のなかにキリスト教も含まれていました。ですから、日本人がこの時期に一気にキリスト教徒になることはありえたかもしれません。しかし、そうはなりませんでした。

なぜなら、当時の日本人にキリスト教が入り込む余地がなかったのです。日本の各地が焦土と化して、食べるものにも、着るものにも、住むところにも、事欠くありさま。そうした状況にあっては、まずは復旧・復興し、経済的な豊かさを取り戻すことが優先されたのでしょう。アメリカ流の物質的に豊かな生活と民主主義が切実で重要な目標となり、キリスト教はそこまで差し迫った目標とはならなかったのです。

このように、結局日本ではキリスト教は広がりませんでした。今の私たちはキリスト教にまつわる行事を楽しんではいますが、その教えを信奉している人は世界に比してごく少ない。それは右に見たような事情があるからではないでしょうか。

ユダヤ教徒は、なぜ世界に大きな影響力を持つのか？

ユダヤ教はキリスト教やイスラームのように世界に広がりませんでしたが、その影響力

は絶大と言っていいでしょう。どういうことか、少し見ていきましょう。
たとえば、ユダヤ人はアメリカの政治に大きな影響力を持っています。ユダヤ・ロビーがアメリカの議会を動かすこともあります。ユダヤ・ロビーとは、ユダヤ民族やイスラエルの利益のために行う政治活動です。ユダヤ人のロビイストが活動することで、アメリカの政治が左右されることもあるのです。アメリカの政権には、ユダヤ系の高官が何人も入っていたりします。

在米ユダヤ人はアメリカ社会を構成する単なる少数派ではない。在外同胞のために、アメリカ政府の特別待遇を要求しうる「強い少数派」なのだ。

これはユダヤ人史、米英の人種関係史を専攻している佐藤唯行氏の『アメリカはなぜイスラエルを偏愛するのか』（新潮文庫）の一節です。
世界でも、アメリカ国内でも、少数派の民族ではあるけれど、大きな力を持っているユダヤ民族。彼らはどうして、そのような多大な力を持つようになったのでしょうか。

歴史的に見ると、ユダヤ民族、そしてユダヤ教徒は何度も迫害されてきました。十字軍の遠征時の襲撃やナチス・ドイツによる虐殺など、ユダヤ民族が迫害された例はたくさんあります。

各地で迫害され続けたユダヤ民族は生き残るために、世間一般からは蔑まれていた仕事にも取り組みました。しかし、実はそのことがユダヤ人が現在、世界で大きな影響力を持つに至っていることと大いに関係するのです。少し長くなりますが、『ユダヤ人の歴史』（レイモンド・P・シェインドリン著、入江規夫訳、河出文庫）の一部を見てみましょう。

一五〇〇年頃から始まったヨーロッパの社会および思想の変化はユダヤ人の生活にも大きな影響を与えた。経済構造の拡大は何世紀にもわたって金貸し業に追いやられていた人々に上昇の手段を与えることになった。この侮蔑の対象でしかなかった職業が、一躍有望な投資の対象に変化したのである。十七世紀になって、商業主義と資本主義が拡大すると、経済的な豊かさが優先されて宗教的なことは二の次になった。近代初期には、ヒューマニズムや宗教改革さらには啓蒙運動などによって、教会が知的な事柄をすべて統括するといった状況は次第に崩壊していった。さらにこうした動きは、ユダヤ人に対する宗教的差別の根幹となっていた神学的根拠を緩めることにもなった。

時代が進むと人々の政治思想にも変化が現れ、ユダヤ人をユダヤ社会という地域的な閉鎖社会の住民としてではなく、国家を構成する一市民として考える見方が出てきた。こうした変化が本格化するのは十八世紀以降であるが、その基盤はすでに近代初期の頃に築かれていた。

先の章で見てきたように、キリスト教ヨーロッパ社会においてユダヤ人の携わることのできた職業は極めて限られていた。金貸し業、小規模な質屋、古物の売買などである。しかし、一部のユダヤ人はこの制限を逆手に取って資本を蓄え、金融と投資に関するプロとなった。たび重なる追放と強制的な移住はユダヤ人を西欧社会のあちらこちらにばらまくことになったが、結果としてユダヤ人たちは各地をつなぐ国際的なネットワークを形成することができた。そして、アシュケナジムとセファルディムは文化的には異なっていたが、アウトサイダーとしての地位、共通の宗教、ヘブライ語という共有する言語などにより、キリスト教ヨーロッパとイスラム教中東社会のビジネスの仲介者としてともに有利な立場にあった。従って、十六世紀初頭において世界各地のユダヤ人が悲惨な状況にあったのは事実であるが、将来の経済的復活の基盤はすでにできつつあった。

ユダヤ人たちがどのようにして重要な位置を占めるようになっていったか、その過程がわかりやすくコンパクトに説明されていると思います。ちなみに、アシュケナジム（ドイツ、東ヨーロッパに定住したユダヤ人）とセファルディム（離散したユダヤ人のうち、スペインやポルトガルに居住した人々）は、それぞれ今日のユダヤ社会の2大勢力といわれます。

かつてのヨーロッパ社会では、金貸し業は恥ずかしい仕事と思われていました。利息を取って生活するなど、卑しい者がすることとされていたのです。それはキリスト教の考え方でもありました。

『ヴェニスの商人』という物語があります。16世紀の終わりごろにシェイクスピアによって書かれた喜劇で、シャイロックというユダヤ商人は悪辣で強欲な人物として描かれています。「お金を返せないときには、相手の肉をそぎ取る」などという証文に、シャイロックはサインをさせたりするわけです。

こうしたことから、強欲な人のことを**「シャイロック」**ということもあります。当時、ヨーロッパのキリスト教徒たちがユダヤ人をどのように見ていたのか、その一端が垣間見られるでしょう。

しかし時代が下ってくると、金融や投資に明るいことは大きな強みになっていきます。さらに現代社会では、金融や投資は世界中でいっそう重要な分野になっています。かつて蔑まれたユダヤ人たちの力が大きく発揮できる世の中になった、ということです。

数は少なくとも、金融や投資に明るく、国際的なネットワークを持ち、世界の大国アメリカにも強い影響力を持つユダヤ人やユダヤ教徒は、キリスト教徒やムスリムとは違った形で世界に大きな力を持っているといえるでしょう。

なぜ〝あの場所〟にイスラエルが建国されたのか？

パレスチナ問題にも触れておきましょう。イスラエル対パレスチナの対立をユダヤ教対イスラームととらえている人も多いかもしれません。

たしかにイスラエルはユダヤ教徒の多い国で、パレスチナ自治区には多くのムスリムが住んでいます。そのイスラエルとパレスチナが争っているのだから、これはユダヤ教対イスラームの戦いだと考えるのでしょう。となると、これは宗教対立、あるいは宗教戦争ということになりそうです。しかも、セム的一神教同士の戦いです。しかし、それがこの対立の本質でしょうか。

それを読み説くために、まずはこれまでの歴史や経緯を少し見ていきましょう。

対立の舞台となっているパレスチナという地は地中海の東岸にあって、『旧約聖書』では「カナン」とも呼ばれています。

『旧約聖書』に「出エジプト記」という話があります。これは、モーセ率いるイスラエルの民がエジプトを脱出する話です。紀元前13世紀、モーセたちはカナン＝パレスチナをめざします。「カナンへ行け」という、神ヤーヴェの命令に従ってのことでした。

そして紀元前1000年ごろ、モーセたちの後継者が、この地にヘブライ王国を建てました。ヘブライ王国があった場所は現在のイスラエルとほぼ同じです。その後、ダヴィデ王やソロモン王の時代には大いに栄えました。今から3000年ほど前のことです。

さらにその後は、北部のイスラエル王国と南部のユダ王国に分裂するなどします。いずれの出来事も、日本が縄文時代だったころに起きたこと。はるか昔のことに思えますが、これらの出来事は今の世界に影響を与え続けているのです。

時を経てローマ帝国が支配するようになりました。そこで**ローマに厳しく弾圧されたユダヤ人は何度も反乱を起こしますが2世紀前半についに鎮圧され、世界各地へと離散を余儀なくされたのです。これがユダヤ人の「離散（ディアスポラ）」と呼ばれるものです。**

時はだいぶ下って16世紀。オスマン帝国（オスマン・トルコ）がパレスチナを治め、そこには多くのアラブ人が住んでいました。そして19世紀になると、離散していたユダヤ人が自分たちの国をつくる運動である「シオニズム」を展開するようになります。国家建設をめざす場所はパレスチナ。パレスチナはユダヤ人にとって神に約束された地。神、ヤーヴェが「めざせ」と言った約束の地です。

シオニズムは盛り上がり、多くのユダヤ人がパレスチナに移住しました。さらに、第2次世界大戦が起こり、ナチス・ドイツによって大勢のユダヤ人が迫害・虐殺されると、ユダヤ人のパレスチナへの移住はますます増えていったのです。

すると、前からパレスチナの地に住んでいた人たちとユダヤ人との間で対立が起こります。住民の多くは、イスラームを信仰するアラブ人です。その結果、パレスチナではアラブ人と激増するユダヤ人との対立が激しくなっていきました。

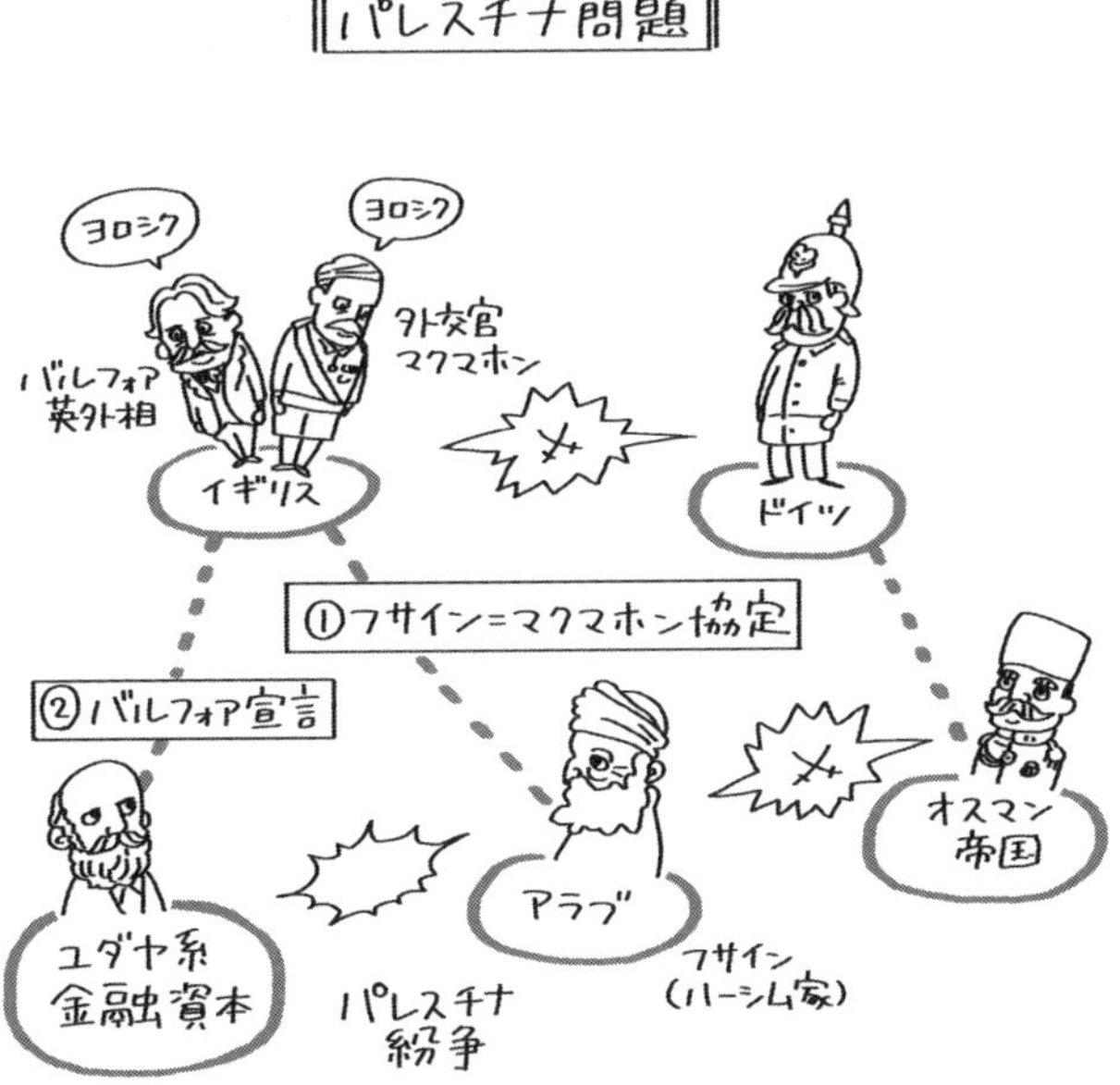
パレスチナ問題
ヨロシク
ヨロシク
外交官
マクマホン
バルフォア
英外相
イギリス
ドイツ
①フサイン＝マクマホン協定
②バルフォア宣言
オスマン
帝国
アラブ
ユダヤ系
金融資本
パレスチナ
紛争
フサイン
（ハーシム家）

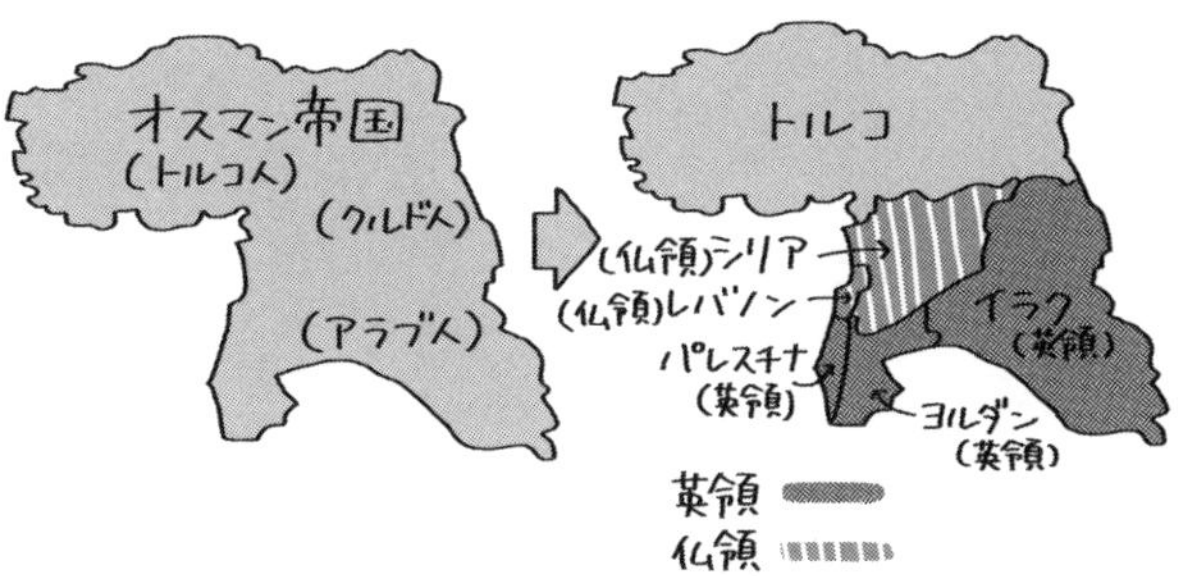
オスマン帝国
（トルコ人）
（クルド人）
（アラブ人）
トルコ
（仏領）シリア
（仏領）レバノン
イラク
（英領）
パレスチナ
（英領）
ヨルダン
（英領）
英領
仏領

1947年、国際連合はパレスチナをユダヤ人国家とアラブ人国家に分割する案を可決します。これはユダヤ人に有利な地割りで、アラブ人はこの案を拒否します。しかし**1948年、ユダヤ人は一方的にイスラエルを建国**したのです。

当然、アラブ人がこれを認めるわけがありません。彼らにしてみれば、勝手に入り込んできて、国をつくるとはいったい何たることか、という思いでしょう。そのため同年、第一次中東戦争（パレスチナ戦争）が起こるのですが、ユダヤ移民が多いアメリカなどがイスラエルを支援し、国連の停戦調停によって戦いは終わりました。

しかし、その後も中東戦争は第4次まで行われ、アラブ人による抵抗が繰り返されているように、イスラエルとパレスチナの対立が終わる気配はありません。

ヨーロッパや日本には、パレスチナびいきの人が多いといいます。そもそも筋からいって、パレスチナの土地をアラブの人たちが自分たちのものだと思うことには、正当性があるといえるからでしょう。

パレスチナ問題の本質は、本当に宗教対立なのか？

こうして数千年に及ぶパレスチナの歴史をざっくり振り返ると、イスラエルとパレスチナの対立は、単なるユダヤ・キリスト教とイスラームとの宗教対立という図式では語れないように思われてきます。げんに近年では、これらの見方を否定する見解が増えています。

そうした見解によると、まず古代イスラエルの民と現代のイスラエル人は別物です。なかには、正統的なユダヤ教徒の国ではないとして、イスラエルを批判するユダヤ人の識者もいるほどです。さらに、**離散したユダヤの民が約束の地カナンで国をつくるシオニズム自体、虚構であるとする**説もあります。

『イスラエルとは何か』（ヤコヴ・M・ラブキン著、菅野賢治訳、平凡社新書）という本があります。著者のラブキン氏は科学史、ロシア史、ユダヤ史を専門にしています。そこから少し引用してみましょう。

ユダヤ・アイデンティティーを一個の近代的な民族アイデンティティーとして作り

替えようとするシオニストたちの作業は、必ずしも容易なものではありませんでした。まず、西ヨーロッパの諸国民にすでに統合を果たした、あるいは近い将来における統合を志向していたユダヤ系住民の目に、シオニズムが打ち出す新しいアイデンティティーは、脅威的な、到底受け入れがたいものと映りました。ユダヤ系住民が国家ぐるみの構造的な差別に苦しみ続けていたロシア帝国においてさえ、シオニズムを支持したり、ましてやみずからパレスティナに向けて旅立とうと考えたりする人は決して多くなかったのです。

この記述からは、**シオニズムという運動を〝迷惑〟だと思っていたユダヤ人も少なからずいた**ことがうかがい知れます。ほかにも、『旧約聖書』のユダヤ人と現在のイスラエルのユダヤ人とは何の関係もないとする説もあります。

イスラエルは欧米諸国の力を借りて政治的に形成され、今も成り立っている国です。イスラエルはユダヤ教国家というより、アメリカをはじめとした欧米諸国の思惑でできた国で、小国ながら、強大な軍事力を有する国でもあります。そして背後には、世界最大の軍

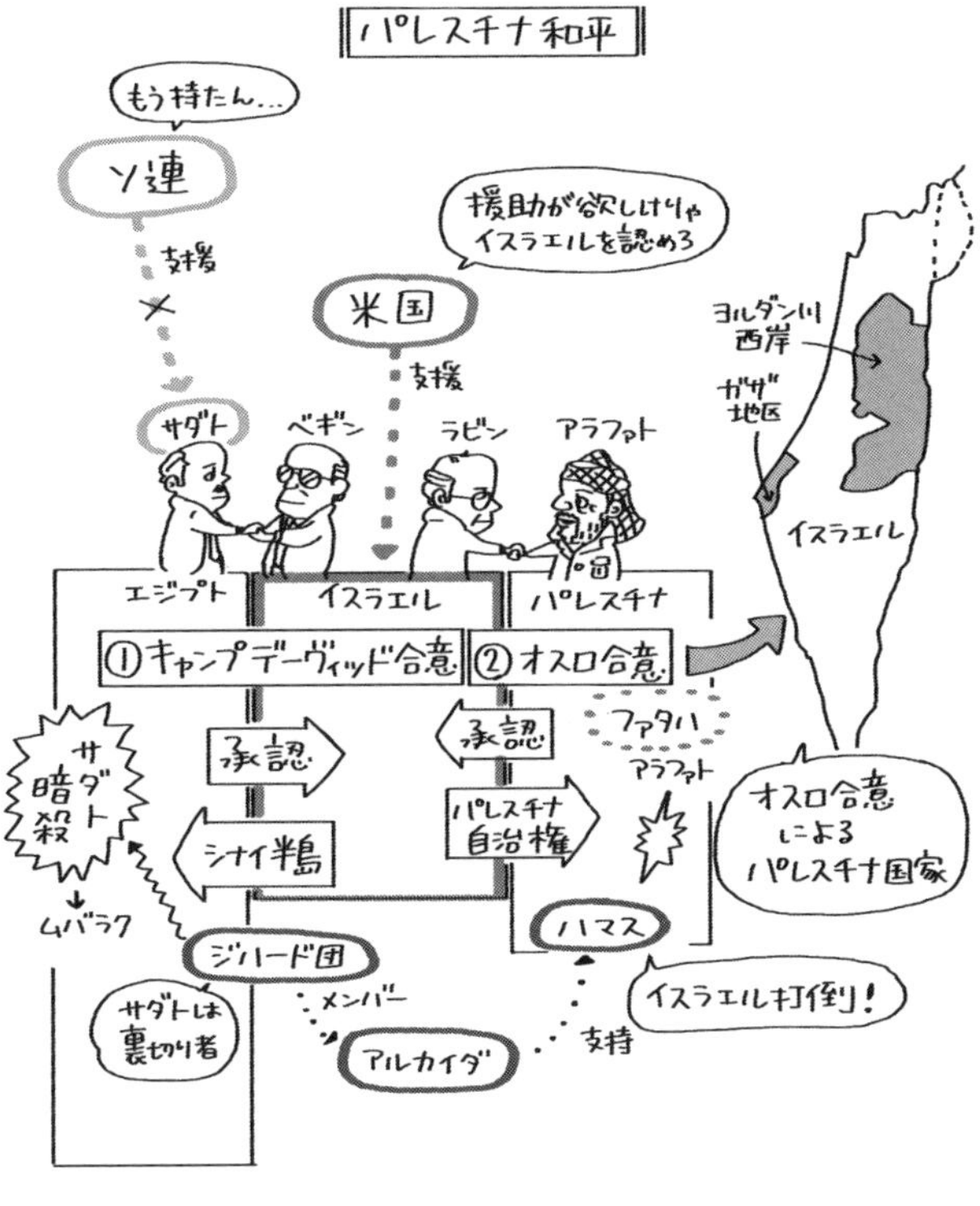
パレスチナ和平
もう持たん…
ソ連
支援
援助が欲しけりゃ
イスラエルを認めろ
米国
支援
サダト
ベギン
ラビン
アラファト
ヨルダン川
西岸
ガザ
地区
イスラエル
エジプト
イスラエル
パレスチナ
①キャンプデーヴィッド合意
②オスロ合意
承認
シナイ半島
承認
パレスチナ
自治権
ファタハ
アラファト
サダト暗殺
ムバラク
オスロ合意
による
パレスチナ国家
ジハード団
ハマス
サダトは
裏切り者
メンバー
アルカイダ
支持
イスラエル打倒！

事国家アメリカが控えています。

となると、イスラエルとパレスチナの対立の本質はユダヤ教とイスラームの宗教上の争いではなく、あくまでも政治的な問題といえそうです。

さらに、ドイツによるホロコーストもパレスチナ問題には絡んでいます。

ナチス・ドイツによって虐殺されたユダヤ人たちに対し、多くのキリスト教徒が贖罪《しょくざい》の意識を持ちました。ドイツ人が罪の意識を持って、その罪過を償うのであればわかります。たとえば、ドイツの領土の一部をユダヤ人のために割譲し、そこにイスラエルを建国するのであれば、筋が通っていると思うのです。

ところが、どういうわけか、ドイツの領土ではなく、ホロコーストに何の関係もないパレスチナ人の土地がユダヤ人に与えられてしまいました。いわばドイツの領土をパレスチナが肩代わりしているような妙な構図です。

ドイツの人たちがしたことを、なぜパレスチナの人たちがあがなわなくてはいけないのか。そのことを改めて冷静に考える必要があるでしょう。

第2章

宗教改革と
現代日本は
つながっている

ルターの目覚め

町の司祭、大学教授として赴任していたルターは、日中、街の路上でひとりの酔っぱらいを見かけた。かなり酔って、道端に横たわっている。そのような生活を送っていては、魂の救いには至りえない。そう思ったルターは、男に声をかけた。

「昼間から酔っぱらっていないで、真面目に働きなさい。そんなことでは、神さまの御心《みこころ》にかなわないよ。自分が死んだ後のことを考えなさい」。

すると、男は酔眼を半分見開き、丸めた一枚の札を掲げながら、こう答えた。

「神父様、あっしには、これがありまさあ。だから、大丈夫で……」。

男が手に握っていたのは、免罪符である。これを見た若きルターは、大きな衝撃を受けた。聖書の教えを学生たちに講義するだけではだめだ。この男の心にも届くように語る努力をしなければ。これが、ルターが自らの新しい使命に目覚めた瞬間であった。

右は『マルティン・ルター』（徳善義和著、岩波新書）の一節です。ここに出てくる「免罪符」という言葉は中学校や高校の歴史の授業などで習った人も多いと思います。のちに宗教改革をリードするマルティン・ルターが若かりしころ、**16世紀のドイツでは、免罪符（最近では「贖宥状《しょくゆうじょう》」と訳されることが多いです）を持っていれば、罪が消えて天国に行けることになっていました。**

贖宥状（免罪符）は教会が発行していました。その贖宥状をお金を払って買えば、罪が許される。当時のカトリック教会はバチカンにある総本山、サン・ピエトロ大聖堂の改修工事をしていて、そのために莫大な費用を必要としていました。贖宥状の販売利益は、サン・ピエトロ大聖堂の改修工事にあてるつもりだったのです。

第1章で見たように、中世以降、教会は神の代理人として絶大な権力を持つようになっていました。なにせカノッサで、皇帝をも跪《ひざまず》かせるほどの存在になっていたのですから。庶民も皆、教会の権威を信じていました。その教会から、贖宥状をありがたくいただいていたわけです。

しかし、それはキリスト教本来の思想にかなうものなのか。贖宥状をお金を出して買って救われるのなら、金持ちであることが救われる条件になるのではないか。ルターはそのように考えたのでしょう。そこで**1517年、ルターは教会に質問状を出します。それが「95カ条の論題」です。これによって、宗教改革が始まった**とされています。

イエスの言葉に耳を澄ますとは？

キリスト教とは何か、その本質をルターの宗教改革は教えてくれます。イエスから始まり、弟子たちがその教えを広めたキリスト教は、教会という組織を持つことで世俗化し、政治的にも経済的にも力を持つようになりました。そして、中世のドイツでは、贖宥状を購入すれば救われる、と説かれるようにまでなる。これが果たして神の教えにかなうことなのか。ルターでなくとも、そう疑問を持つかもしれません。

また、ルターは次のようなことも思ったかもしれません――。

イエスの言葉を聞いた12人の使徒の立場になってみよう。彼らの立場になって、イエスの言葉を聞いたとしよう。イエスの言葉に耳を澄ませ、その言葉に虚心に向き合ってみよう。それでも、カトリック教会の行いは神の御心にかなうといえるだろうか。

自分たちはイエス、すなわち神の子とつながることで、神の声を聞ける。罪深い自分が神の声を聞ける。なんとありがたいことか。しかし、そのかかわりに、つまり神の子イエスと自分との間の関係に、教会という仲介は必要ないのではないか。贖宥状などというものを買えば救われるという教会など不要ではないか。聖書には神の言葉が書かれている。個として聖書を信仰することこそ大事なのではないか。

――おそらく、ルターにはこのような思いがあったのではないでしょうか。

前出の『マルティン・ルター』をもう少し見てみましょう。

ルターはあたかも神と格闘するかのように、脂汗を流しながら聖書を読み、学生たちに聖書を講じていった。（中略）

これによって、ルターの宗教改革的な神学が、ほぼ全面的に明示されたといえる。ルターは講義の中で、この新しい神学を「十字架の神学」と呼んだ。（中略）

ギリシャ思想の影響を受けて、中世のキリスト教神学は、「栄光の神」を中心に構築された、人間の思考にもとづく思弁神学の様相を呈していた。ルターによる十字架の神学は、このような人間を中心に築かれた神学に対するものであった。聖書のことばにのみ従い、神が自らのあるがままの姿として示した「キリストの十字架」を信仰の中心として受け止める。およそ栄光とはかけ離れた、みじめで無残なイエスの姿こそ、神の恵みと認めることから始まる神学である。

聖書の言葉だけに従って、みじめで無残だったイエスの姿にこそ神の恵みを認める。世俗的権力を求め、手に入れ、権勢を誇っていたカトリック教会から、信仰のあり方を見いだすことは限りなく難しい。教会の実態を知ったルターの嘆きや怒りが、キリスト教の改革へと向かわせたのです。

プロテスタントの誕生と聖書の解放

同書にはさらに次のようにあります。

神は「義（正しさ）」を、イエス・キリストというかたちで、罪深き人間への「贈り物」として与える。その結果、「義」はそれを贈られた人間の所有するものとなり、人間は救われる。だからこそ、聖書は神の「義」を「解放」や「救い」と結び付け、「福音（喜びの知らせ）」と結び付けて語っているのである。「義」とは、人間に裁きを下す神の絶対的な正しさを意味するのではない。ルターはそう理解した。

神は人間にイエスを贈り物として与えてくれた。それは義《ただ》しさ（正しさ）という贈り物である。私たちは罪深い人間だけど、その罪をイエスがあがなってくれる。ここで、ルターは神の義しさと救いが結びついたというのです。

ヤーヴェは非常に厳しく、荒々しい神でもあるけれど、私たち人間はイエスを贈ってもらったことで神の恵みに与《あずか》れるようになった。人間を解放するためにイエスは神から使わされた。そのようにルターは理解したのではないでしょうか。

ルターと教会は互いを批判し合います。ルターは教会と教皇の権威を公然と否定するまでになります。

そして、のちにルターは、カトリック教会とは別の宗派を立てます。ルター派教会（ルーテル教会）です。

ルター派教会以後のキリスト教の新しい宗派は、「プロテスタント」と呼ばれます。プロテスタントは「抗議する人」の意味で、ルター派を禁止した神聖ローマ皇帝のカール5世にルター派諸侯が抗議したことに由来します。

世俗にまみれ、権力を志向し、権威的になってしまったカトリック教会からルターは離れ、「聖書のことばにのみ従い」「およそ栄光とはかけ離れた、みじめで無残なイエスの姿こそ、神の恵み」と考えることにした。こうして見ると、ルターはキリスト教を原点に立ち返らせた人物といえそうです。

もうひとつ、ルターの大きな功績があります。それは、聖書をドイツ語に訳し、庶民に解き放ったことです。

ルターがドイツ語に訳すまで、聖書は基本的にラテン語訳のものでした。**ラテン語は教養ある聖職者や高等教育を受けたごく一部の人しか読めないため、庶民は誰も聖書を読めなかった**のです。しかも聖書は一般の家庭にはなく、教会で厳重に保管されていて、庶民が近づき難いものでした。それをルターがドイツ語に翻訳することで解き放った。つまり、ドイツの庶民でも読めるようにしたのです。

この少し前には、ドイツ人のグーテンベルクが活版印刷術を実用化していたことも追い風になりました。活版印刷術が発達したことで、ドイツ語版の聖書が国中に広まるようになったからです。

千数百年にわたって、庶民が聖書を読めなかったこと自体に驚かされますが、とにもかくにも、ルターがドイツ語に翻訳したことでドイツの庶民も聖書を読めるようになりました。それまでは、ラテン語でしか、つまり教会を通してしか、聖書に触れることができなかったのですから、これは大きな変化です。

それと同時に、聖書を独占していたカトリック教会はその独占権を失う結果になってしまいました。聖書を管理していたことが権力のひとつの源になっていたのですが、それが薄まることにもなったのです。

カルヴァンの禁欲主義が生んだ資本主義の精神

宗教改革では、重要な人物がもうひとりいます。ジャン・カルヴァンです。

フランス生まれのカルヴァンは1536年、教会の改革者としてスイスのジュネーブに招かれます。ここでカルヴァンは聖書の教えを厳格に守る暮らしを庶民にも求めました。

飲酒や賭博なども認められなかったため、町は静まりかえります。まじめに禁欲的に働き、行動することをカルヴァンは市民に求めたのです。そうしたことが神の御心にかなうとカルヴァンは考えました。贖宥状さえあれば、昼間から酒を飲んで酔っぱらっていてもかまわないとする考えとは対極にあります。

このように、**ひと言で言うとプロテスタントはまじめ**です。禁欲的に一所懸命働き、浪費はするな、という教えですから、お金も貯まります。

お金が貯まっても、酒を飲んだり遊興に耽《ふけ》ったりもできないので、お金はますます貯まっていきます。やがて、蓄積されたお金が資本になり、資本主義の勃興・発展につながっていくわけです。ドイツのマックス・ヴェーバーは『プロテスタンティズムの倫理と資本主義の精神』のなかで、それらの仕組みを究明しました。

プロテスタントのような禁欲的な思想を持つ集団で、どうして資本主義の精神が育ったのか。ヘンじゃないか。そう思う人もいるでしょう。たしかにこれは一見、わかりにくいと思います。

資本主義には欲望を追求する側面があります。その資本主義が欲望を抑制することを勧めるプロテスタントとどうして結びつくのか。そうした疑問に対しても、『プロテスタンティズムの倫理と資本主義の精神』は答えてくれます。

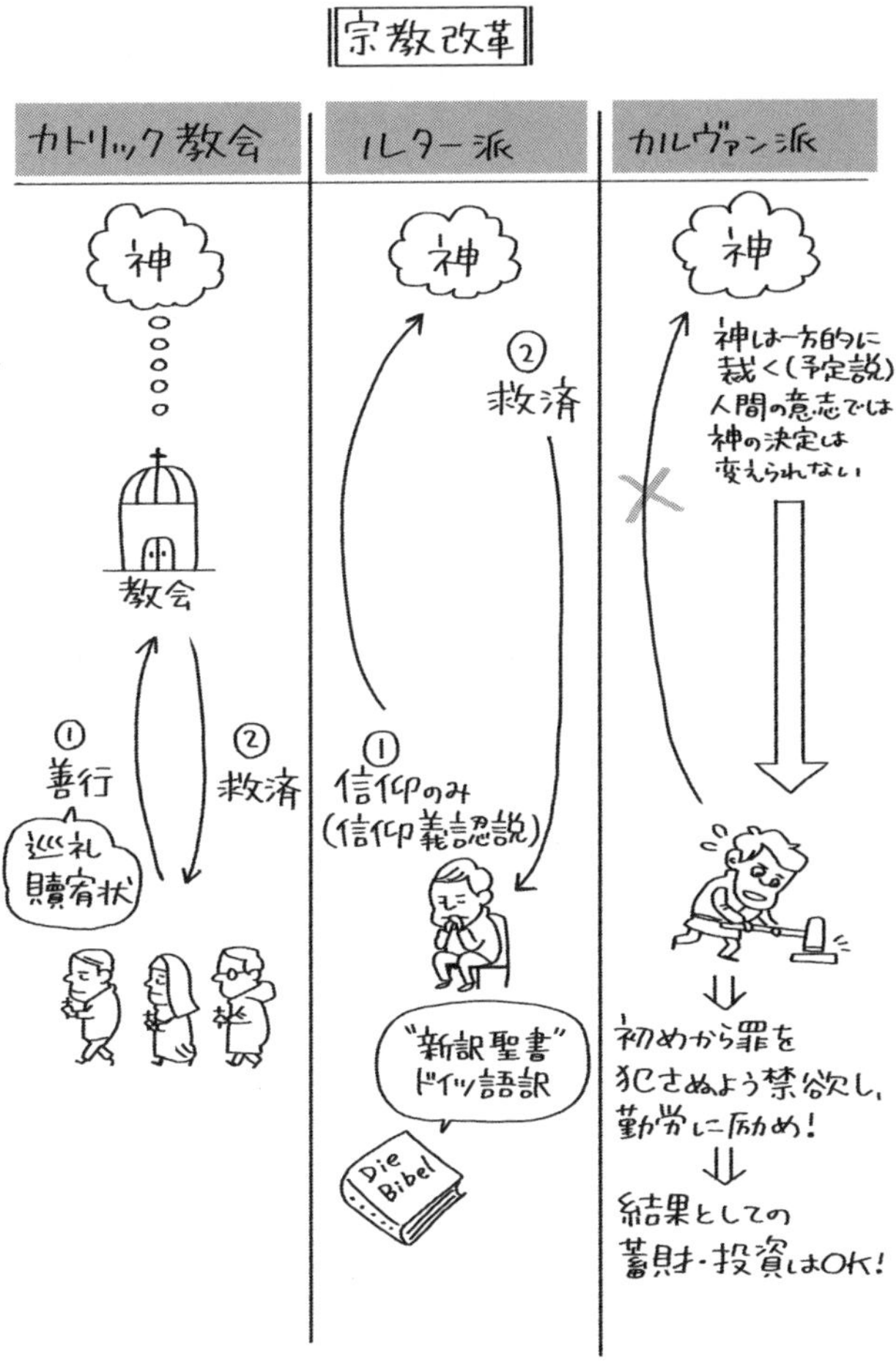
宗教改革
カトリック教会
ルター派
カルヴァン派
神
教会
①善行
巡礼
贖宥状
②救済
神
②救済
①信仰のみ
(信仰義認説)
"新訳聖書"
ドイツ語訳
Die Bibel
神
神は一方的に
裁く(予定説)
人間の意志では
神の決定は
変えられない
初めから罪を
犯さぬよう禁欲し、
勤労に励め!
結果としての
蓄財・投資はOK!

この本に出てくるキーワードのひとつに「ベルーフ（Beruf）」があります。ベルーフにはいくつかの訳がありますが、「天職」ととらえるとわかりやすいでしょう。

ベルーフ、つまり天から与えられた職業に真摯に向き合い、それをまっとうすることが大事であるし、神の御心にもかなう。教会も関係ない。それを配慮する必要もない。贖宥状を買えば、酒を飲んで遊び回っていても救われる、という考えもない。

これに「予定説」が加わります。予定説はカルヴァンが唱えた説で、その名のとおり「予《あらかじ》め定まっている」とする考え方です。**私たちが天国に行けるどうか、その運命ははじめから決まっているということ**です。善行を積もうが、悪行《あくぎょう》を働こうが関係ない。神は人知を超えた超越的な存在だから、よい行いをしようが、一所懸命に信仰しようが、その人の運命とはなんの関係もない、とカルヴァンは考えたのです。

そうであるなら、努力しても怠けていても、神を信じても信じなくても、同じじゃないか、と思いそうなものです。だったら、好き勝手に生きよう、と多くの人が思っても不思議ではありません。ところが、そうはなりませんでした。ここがプロテスタントの不思議でおもしろいところです。

考えようによっては、予め決まっているとなると、よけい不安なので、よりまじめに働くということもありえます。あるいは、自分だけは神に選ばれていると考えて、よりいっそう信心し、よりいっそうまじめに働いた人もいるでしょう。

宗教改革が起きたことで神と直接、密接につながることができるようになったうえに、ベルーフや予定説などによって、禁欲的にまじめに働く人が増えていった。これが資本主義の勃興へとつながったのです。

アメリカ建国の父の名言から読み取れるもの

アメリカの100ドル札の顔になっている人物、ベンジャミン・フランクリンをご存じでしょうか。

フランクリンはアメリカ独立戦争（1775〜1783年）で活躍し、政治家、外交官、さらには物理学者としても著名です。雷の正体が電気であることを発見したり、ストーブを改良したり、アメリカ初の図書館を設立したり、消防団を組織したり……と、八面六臂《はちめんろっぴ》の活躍をした人物でした。

アメリカはプロテスタントの国として始まっています。独立宣言の起草者のひとりになっているフランクリンもプロテスタントです。プロテスタントはまじめに禁欲的に勤勉・勤労することをよしとしますが、フランクリンはその模範たる人物でもあります。

彼の自伝である『フランクリン自伝』（松本慎一・西川正身訳、岩波文庫）などを読むと、**フランクリンは日常の当たり前のことをきちんと行い、それを習慣化することで成功への道を歩んだ**ことがよくわかります。

『フランクリン自伝』の「富に至る道」という付録には、ストーリー仕立てで〝諺《ことわざ》〟がたくさん出てきます。たとえば、次のような名言です。

早寝早起き、健康のもと、財産を殖やし、知恵を増す
骨折りなきところに利得なし
勤勉は幸運の母
今日の一日は明日の二日に値《あたい》す
小さな一撃でも、たび重なれば、大木をも倒す
一分という時間さえ容易に得られぬ以上、一時間もの時間をむだに使うな

勤勉を絵に描いたようなフランクリンは、アメリカの資本主義を育てた人物でもあります。アメリカがカトリックの国として始まっていたら、その後の発展はもしかしたらなかったかも……と思わないでもありません。

モノクロのプロテスタント、カラーのカトリック

『バベットの晩餐会』という映画（原作は同名の小説）があります。舞台は19世紀後半のデンマークの村で、村人たちは質素に暮らしています。楽しみがあってはいけない、おいしいものを食べてはいけない、といったふうに。まさに彼らはプロテスタントです。

そこにカトリックの国、フランスからひとりの女性が老姉妹のもとにやってきます。名前はバベット。かつてパリの一流レストランで腕をふるった料理人です。彼女は老姉妹や村人たちとは違った価値観を持っています。老姉妹はプロテスタントの体現者、バベットはカトリックの象徴なのでしょう。

牧師の生誕１００周年のお祝いにバベットが晩餐会を開きます。この晩餐会のために、バベットは豪勢な食事やワインを村人たちに提供します。どれも彼らが見たこともないも

のばかり。「料理の話題は慎もう」と、事前に決めて臨んだ老姉妹ら村人たちでしたが、美食に触れるうちに心が満たされ、いきいきとしていきます。

映画では、プロテスタントの土地での暮らしぶりを描いているところはモノクロになるのですが、カトリックの要素が強くなるとカラーになります。あまりにもまじめで禁欲的なプロテスタントが描かれるときは色を失い、カトリックが描かれるときは鮮やかに色づく。この描写の対比は、プロテスタントとカトリックの違いを象徴していて、興味深いところです。

たしかに、イタリア、スペイン、フランスなどのカトリック教徒の多い国は恋愛や美食を楽しみ、人生を楽天的に謳歌している印象があります。スペインの商店などでは、午後早めに3時間ほど店を閉めて、ゆっくり休むシエスタの習慣もあります。

一方、ドイツやイギリス、北欧諸国などのプロテスタントが多い国には堅実なイメージがあります。どちらがよいかという問題ではなく、それぞれに異なる特徴を持っているということです。

宗教改革が起こり、人々は禁欲的にまじめに生きることを美徳にするようになりました。

聖書に書いてあることを厚く信仰し、神の意志にかなうように生きる。浪費などせず堅実に過ごす。繰り返せば、その姿勢が資本主義を興し、育てていく原動力になったのです。

宗教改革のおかげで日本の近代化は成功した!?

宗教改革は昔、遠い国で起きたこと、日本には関係ない。そう思っている人がほとんどではないでしょうか。

しかし、決してそんなことはありません。実は日本にも意外な影響を与えているのです。

宗教改革が起きたことで、反宗教改革（対抗宗教改革）が起こりました。反宗教改革というのはカトリック教会側の改革のことです。ルターやカルヴァンなどの改革派に押されてばかりでは、カトリック教会の影響力は衰えるばかりです。そこで、カトリック教会も改革に取り組み、巻き返しを図ろうとしました。

日本にもやってきたフランシスコ・ザビエル率いるイエズス会は、そうした反宗教改革の一環として結成された修道会です。彼らは、ヨーロッパで衰えたカトリック教会の勢力を挽回すべく、世界各地にキリスト教を伝える旅に出たのです。

となると、結果として宗教改革がイエズス会を日本へと向かわせ、日本にキリスト教が伝わったともいえます。そして、宗教改革が起きなければ、キリシタン大名は生まれず、悲惨な島原の乱（1637〜1638年）をはじめとするキリスト教がらみの事件も起こらなかったことでしょう。

さらに、もっと今日的な意味もあります。それは近代日本に与えた影響です。明治時代になると、日本社会は急速に変化していきます。列強諸国に対抗するために、急いで変わっていかなければならない状況でもありました。

実際に日本は、短期間で近代国家へと生まれ変わっていきました。憲法をはじめとする近代法の制定、近代資本主義や議会制民主主義の導入を、明治になってすみやかに行いました。これは見事と言うほかありません。

もちろん、こうした偉業ができた背景には、それまでの日本の蓄積も大きかったでしょう。儒教の教えや、町人を中心に庶民の生活倫理を説いた石田梅岩《いしだばいがん》の心学などが全国に普及していて、まじめで倹約を志向する精神性が日本人のなかに根づいていました。

これらの特徴はプロテスタンティズムの精神と通じるものです。

日本人の多くは昔も今もプロテスタントではありませんが、古来プロテスタンティズムに似た精神性を有していたといえるでしょう。

近代的な資本主義や法律を、いちからつくり出すことは至難です。近代資本主義や近代法がヨーロッパ社会に芽生え、すでに形成されていたからこそ、明治の日本はそれらを比較的容易に導入することができたのです。

NOルター、NO民主主義

ルターが「95カ条の論題」を発表しなかったら、カトリック教会が力を持つ時代がずっと続いて、ヨーロッパの歴史はずいぶん違ったものになっていたでしょう。宗教改革が起きたことで資本主義が育っていきましたが、近代民主主義も、個として神と向き合うことを気づかせてくれた宗教改革がなければ、起こりえなかったかもしれません。そうなると、資本主義も民主主義も、またずいぶんと違った形で進んでいたはずです。

となると、およそ500年前にヨーロッパで起きた宗教改革は、今の日本に関係ないどころか、大いに影響を受けていると考えることができます。**資本主義国で民主主義国であ**

る今の日本で生きる私もあなたも、ルターやカルヴァンの影響を受けて生きているといえるのです。

世界的に見ても、いわば「NOルター、NO民主主義」かもしれないし、「NOカルヴァン、NO資本主義」かもしれない。**ルターがいなければ、民主主義は育まれず、カルヴァンがいなければ、資本主義はここまで発展しなかった**かもしれない。宗教改革の影響計り知れずの観があります。

キリスト教全体への影響はどうでしょうか。

プロテスタントが誕生したことで、キリスト教は新たな時代に入り、さらなる勢いを持つことになったといえるでしょう。カトリック教会に疑問を持つ多くの人々をプロテスタントは取り込み、どんどん発展していきました。

プロテスタントのまじめで勤勉な特徴も、キリスト教やその国の勢力を広めるのに大きく影響しました。教会に頼らず、個として強くなった彼らが勢いを持つのは自明のことだったでしょう。ドイツやイギリスなどが勢力を増していったのも、プロテスタントの特性と関係があるのです。

ニーチェはなぜキリスト教を批判したのか？

宗教改革からは少し離れますが、キリスト教を批判したことでも知られるフリードリヒ・ニーチェの思想についても、ここで少し触れておきましょう。

ニーチェは１８４４年生まれのドイツの思想家です。父親はルター派の裕福な牧師でした。そして、その著書『ツァラトゥストラはかく語りき』で、キリスト教の価値観を批判しています。

アダムとイブが罪を犯し、その罪をアダムとイブの子孫である私たちも等しく引き受ける。そうとらえるキリスト教は、前述のように「人間は罪人である」ことを認めることから始まっています。イエスはこの原罪をたったひとりで、全人類に代わって贖罪してくれた。それゆえにありがたい。だからこそ「救い主」であると、キリスト教では考えます。

ただ、全人類の罪を背負ってくれたとはいえ、その罪をあがなうには、キリスト教を信仰し、聖書の言葉に従って暮らさないといけません。

これは考えようによっては、少し不公平です。神はすべてを備えていて、完璧ですばらしい存在ですが、人間は罪深く、大した存在ではないところから始まっているのですから。神はすばらしい。人間は罪深い。これは人間を否定的にとらえ、貶《おとし》める考え方ともいえますが、口に出してはなかなか言えない。そんななか、**「神はすばらしく、人間は罪深いとする教えはおかしい」と、ニーチェは明言した**のです。

そして**「神は死んだ」**とも断言しました。キリスト教圏においては信じがたい発言です。

これらはキリスト教社会の中では禁句でした。いわばタブーです。ところが、ニーチェはその禁を破りました。

私たち自身の肉体は大地とつながっている。肉体は大きな理性である。肉体を持つ私たちは卑しくなどない。むしろ、地上に生きる、私たち生身の人間こそがすばらしい。生をもっと祝福しようではないか。ニーチェはそのように発したのです。

さらにニーチェは**「超人になれ」**と言います。ニーチェの言う「超人」とは、積極的で肯定的な強い精神力を持ち、あらゆる状況を勇気をもって乗り越えていくような人間のことです。人任せにせず、神任せにもせず、個として強く生き、私たち自身が価値観をつくり出してよいのだと、ニーチェは言います。

カトリック教会に反旗を翻し、宗教改革を推進したルターも、個として神と向き合うことを勧めました。それが強い個人を育むことにもつながっていきました。とはいえ、ルターは「聖書」という確かなより所を持っていました。当然、神の存在を認め、キリスト教が本来の姿に戻ることを求めていました。

ところがニーチェは、自分以外のものに安易に頼らず、自分自身が拠点になれ、と言います。そして、つらく厳しいときでも、自分自身の意志で選び取れ、とも言います。神ではなく、「それぞれが自分で」と。そして、今、歩んでいる人生をもっと謳歌しようじゃないか、と。こうした主張そのものが、キリスト教批判になっているのです。

ツァラトゥストラ＝ゾロアスターに込めたニーチェの思い

ニーチェはそうした自分の思想を「ツァラトゥストラ」に語らせました。**ツァラトゥストラというのは「ゾロアスター」と同じ意味で、ゾロアスターはゾロアスター教の創始者として知られています。ツァラトゥストラはゾロアスターのドイツ語読み**なのです。

ゾロアスター＝ツァラトゥストラはペルシャ生まれで、紀元前6世紀ごろの人とも、紀元前11世紀ごろの人ともいわれています。

ゾロアスター教には、光明神（光の神）のアフラ・マズダーと暗黒神（闇の神）のアンラ・マンユ（アーリマン）の善悪ふたつの神がいて、これらの神が戦います。最終的にはアフラ・マズダが勝利し、善悪両方を含んだような神になります。

神の概念はゾロアスター教から生まれたともいわれ、あとに続くユダヤ教やキリスト教との関係を考えると、とても興味深いものがあります。ゾロアスター教徒は現在、インド、イラン、パキスタンなどに十数万人ほどいるといわれます。

ではニーチェは、なぜツァラトゥストラに語らせる形をとったのでしょうか。ひとつには、キリスト教よりもずっと古い歴史を持つゾロアスター教をもってくることで、キリスト教の枠の外に出ることを試みたように思います。

また、ゾロアスター教は「拝火教」ともいわれるように、火を尊び、火を拝みます。炎はメラメラと燃えますね。それはあたかも人が人生を謳歌する姿に見えます。

大地と身体が結びついて、それが炎になって燃え上がる。風に吹かれている状態のようになびき、その姿は自由でもある。私たち人間は燃え上がるように自由に人生を謳歌しうる存在なのだと、ニーチェは考えたのでしょう。

ゾロアスター教って何？

開祖………………ゾロアスター（ツァラトゥストラ、ザラスシュトラ）：古代アーリア人の神官とされるが、その生涯は謎が多い。

成立年……………不明：紀元前11世紀とも同6世紀とも。

最高神……………アフラ・マズダー：世界の創造主。アフラは天空、マズダーは光を意味する。

偶像崇拝…………なし：マズダーの象徴である火（光）を信仰するため、別名「拝火教」とも。

教義の特徴………善悪二元論、終末論：アフラ・マズダー率いる善の神スプンタ・マンユらと、邪悪をつかさどるアンラ・マンユら悪神たちが闘い続ける。宇宙の始まりから終わりまでは1万2000年あり、「最後の審判」で善の勝利が決まると考えられている。

現在の信者数……約10万人（推定）：その半分が「パールシー」と呼ばれるイランからインドに渡った信者といわれる。

有名な信者………フレディ・マーキュリー（ロックバンド「クイーン」のボーカル）、タタ一族（インド最大の財閥「タタ・グループ」創業家）、ズービン・メータ（指揮者、イスラエル交響楽団終身音楽監督）などそのために、火を崇拝する宗教であるゾロアスター教の創始者、ゾロアスター＝ツァラトゥストラを持ってきて、彼に語らせたのではないでしょうか。

思うに、ツァラトゥストラは「ディオニュソス」でもよかったのでしょう。ディオニュソスはギリシャ神話のなかに出てくる葡萄酒《ぶどうしゅ》の神様で、陶酔し、激情したりします。ローマ神話では「バッカス」と呼ばれています。ディオニュソスをニーチェは気に入っていたし、評価もしていました。

ニーチェは〝新しい聖書〟を書こうともしました。人間の生命を肯定する神をつくろうとしたのです。そして、自分が神を信じるなら、〝踊る神〟だけを信じるだろうとも言っています。「踊る」というのは、生命を祝うということです。

こうして考えると、**ニーチェはキリスト教を批判することで、人間が生きることを丸ごと肯定するメッセージを発していた**といえそうです。

16世紀の宗教改革を経て、原点に立ち返り、生まれ変わったキリスト教ではありましたが、19世紀後半になると、ニーチェのような思想家がキリスト教圏から出てきました。これもキリスト教の、あるいは西洋文化の懐《ふところ》の深さかもしれません。

第3章

イスラームの価値を守る人々

世界で増え続けるムスリム

続いてイスラームを見ていきましょう。

はじめに、本書では「イスラム教」を「イスラーム」と表記していきます。その理由は主に3点あります。

ひとつは教えそのものが「イスラーム」であるため、「教」をつけると、重複した表現になるためです。さらにふたつ目として、イスラームは宗教としての意味合いだけでなく、社会のあらゆる事柄に対する規定をしているため、3つ目として、「イスラム」より「イスラーム」のほうが本来の発音により近いといわれるためです。

さて、そのイスラームを信仰する人々であるムスリムは今、世界でどんどん増えています。ユダヤ教はほぼユダヤ民族が信仰する宗教なので、それほど増えていませんし、キリスト教徒も仏教徒もヒンドゥー教徒も、ムスリムほどは増えていません。

ムスリムが増えているのは、赤道周辺などの人口爆発地域にイスラームの国が多いことが大きく影響していきます。

歴史的に見ると、イスラームの初期は軍事的な征服によって教徒を増やしていきました。「コーランか剣か」という言葉もあります。「イスラームに改宗するか、死ぬか」「イスラームの信仰か戦争か」といった意味で、イスラームが勢力を拡大する際の特徴とされますが、必ずしも適切な表現ではありません。

『イスラームとは何か　その宗教・社会・文化』（小杉泰著、講談社現代新書）には次の一節があります。

征服はその地域のイスラーム化のきっかけにはなるが、征服でイスラームを広げることはできない。西洋では長らく「イスラームは剣によって広がった」との説が支配的であったが、これはイスラームの征服によって当時のキリスト教地域の多くが失われた無念さを逆に表現しているにすぎない。

宗教は人の内面に大きくかかわります。暴力によって征服されても、心まで容易に変えることはできません。**イスラームに人の心をとらえる魅力がなければ、征服されたとして**

も、その地にイスラームが根づくことは考えにくいでしょう。

今も世界で増え続けているムスリム。一方、日本はグローバル化の渦のなかに取り込まれています。企業に勤めるビジネスパーソンも、赴任地にはイスラーム国家もあるでしょうし、国内でもムスリムに接する機会は多くなっていくでしょう。私たちがイスラームについて理解を深めることは、今後ますます重要になってくるはずです。


以前、私がフィジーに行ったときのこと。ホテルの従業員と仲良くなって、その人の家に招かれたことがあります。フィジーはキリスト教徒が多いのですが、その人はムスリムでした。

食事をいただいていると、「左手は使わないで右手だけで食べるように」と指導されました。そして食後、彼は「今から礼拝をしますので、ちょっと席を外します」と言って、しばらく私の前から姿を消しました。

日本だと、客人を前に自分のことを優先して行うことはあまりないと思いますが、ムスリムにとって、神を拝むことは極めて重要な行為です。なにしろ神、アッラーは絶対の存在。アッラーに勝るものはありません。異文化に接する際には、「郷に入れば郷に従え」

の思考と態度をとることも大切でしょう。

結婚からビジネス、「罪と罰」まで規定する神の声

イスラームは610年ごろにアラビア半島で始まりました。メッカ（マッカ）に生まれた商人のムハンマドが開祖です。

ある日、ムハンマドが瞑想《めいそう》をしていると、天使が何か文字の書かれた布を持って、目の前に現われます。「誦《よ》め！」。天使はその布を見せて、ムハンマドに命じます。「誦めません」と応じるムハンマド。「誦め！　誦め！」と命じ続ける天使。やがてムハンマドは天使に託された神の声を読んだといいます。

『コーラン』は、こうしてムハンマドが神から授けられた言葉を書き留め、まとめられたものです。そこには「解釈」は入っていません。『コーラン』はムスリムにとって、神、つまりアッラーそのものの言葉です。近年は、言語の発音に近い『クルアーン』という呼び方も増えてきています。クルアーンとは「詠唱すべきもの」という意味です。

諸宗教の聖典は、物語性を帯びたものと帯びていないものとに分けることもできます。

『旧約聖書』と『新約聖書』は物語性を帯びています。聖典ではありませんが、日本の『古事記』やギリシャ神話にも多くの物語が書かれています。

『旧約聖書』は壮大な物語でもあります。「創世記」「出エジプト記」などの5書、「ヨシュア記」「士師記《しし》」などの歴史書、「ヨブ記」「コヘレトの言葉」などの知恵文学、「イザヤ書」「ダニエル書」などの預言書の全39巻からなっています。

たとえば「創世記」には、天地創造の様子、アダムとイブ、ノアの箱舟、バベルの塔の話などが書かれていますし、「出エジプト記」はモーセ率いるイスラエルの民がエジプトを脱出する話です。

『新約聖書』は「マタイによる福音書」「ルカによる福音書」などの福音書、「使徒言行録」（歴史書）、「ローマの信徒への手紙」「コリントの信徒への手紙」などの書簡、「ヨハネの黙示録」（黙示録）の全27巻からなっています。

『新約聖書』のなかには、マリアが処女のままイエスを身ごもる話（この処女懐胎《かいたい》という不思議な話のもとは、原点から訳す際の誤訳に起因するという説があります）、甕《かめ》に入っている水をイエスが葡萄酒《ぶどうしゅ》に変えた話など、奇跡的な話がたくさん出てきます。

『古事記』にも、イザナキとイザナミという男女の神が日本の国土を生みなしたことや、さまざまな神々のエピソードなどが綴《つづ》られています。ギリシャ神話にもやはり、多くの物語があります。

人々にとって、物語はおもしろいものです。喜びがあるし、悲しみもあるし、おかしみもある。つまり、人は物語に接すると、心が揺さぶられます。

『旧約聖書』にしても『新約聖書』にしても、あるいは『古事記』でもギリシャ神話でも、その物語に接すると、何かしらの感動があります。「へー、そうなんだ」という発見もあります。そうしたことは、現代の私たちが読んでも感じられることでしょう。

ところが『コーラン』には、こうした物語はありません。114の章から構成された『コーラン』には、戒律のような言葉が綴られています。

こうしなさい、こうしなさい、こうしなさい……。神が次々に命令を発します。**毎日の行動について、商取引について、結婚について、離婚について、盗みや殺人の罰についてなど、細々《こまごま》したことについても「こうしなさい」と神が命令する**のです。そこには、物語を読むようなおもしろさは基本的にありません。

物語性は、『旧約聖書』や『新約聖書』にはあるが、『コーラン』にはない。第三者的立場で見ると、その点、『コーラン』は面白味に欠けるかもしれませんが、もちろんムスリムにとって、そうしたことはいっさい関係ありません。ムハンマドが預かってくれた神の声を聞けることが、ありがたいことなのです。

大勢で声に出して読みたい『コーラン』

物語性のない『コーラン』ではありますが、声に出して読んでみると、そのリズミカルな文章に驚かされるといわれています。ムハンマドは文字を読めなかったとも、文章が得意ではなかったともいわれますが、突然、文才が降りてきたかのように朗誦《ろうしょう》したのです。そうした言葉を周りの人たちが記憶したり、書き留めたりしてまとめられ、『コーラン』が形作られていきました。

朗誦、つまり声高に読み上げると、その言葉が自分のなかに入ってきて、言葉が体中に刻み込まれるような感覚を覚えることがあります。たとえば、和歌を朗誦すると、歌が体に入り込んでくるような感じがします。

『コーラン』の場合は、大勢で朗誦することもあります。みんなで大きな声で読誦《どくしょう》すると、それは音楽のようでもあり、合唱のようでもあり、気分はがぜん盛り上がるでしょう。『コーラン』の一言一句が体に染みわたり、厳《おごそ》かな心持ちも高まるのではないでしょうか。自分は偉大なる教え、イスラームの一部である。そうした感慨に浸《ひた》れるわけです。

このような体験をムスリムは幼少のころからしています。リズミカルに体をゆすりながら読誦し、暗誦する。イスラームとの一体感は、日本人の想像をはるかに超えるものがあるかもしれません。

また『コーラン』はアラビア語で書かれています。ほかの言語に訳されている『コーラン』もありますが、**イスラームではアラビア語で書かれた『コーラン』でなければ聖典と認めていません**。

世界にはいろいろな言語がありますね。英語、フランス語、ポルトガル語、スワヒリ語、タガログ語、中国語、日本語……実にさまざまな言語があります。そのなかで、『コーラン』はアラビア語で書かれています。これはアッラーがアラビア語を選んだということ。別の言い方をするなら、アラブの人たちはアッラーに選ばれたのです。この点からは、イスラームにはユダヤ教に通じる選民思想も感じられます。

神はアラブ人を選ばれた。アッラーは自分たちを選んでくださった。その誇りや自尊心をもって『コーラン』を読み上げる。そうすると、ムスリムとしての誇りや自尊心はいっそう高まっていくように思われます。

ただし、**イスラームはユダヤ教のように民族にこだわりません。アッラーの前ではみんな平等ですから、アッラーを信じる人には等しく門を開いています。**さらにイスラームを広めることは、ムスリムの使命のひとつです。これらのことが、イスラームが世界に広がっていく大きな原動力になったのでしょう。

ムハンマドとイエスの格の違い

ムハンマドは預言者です。予言者ではなく、預言者。つまり、神の言葉を預かって人々に伝える者です。

預言者はムハンマドだけではありません。モーセも預言者ですし、「ノアの箱舟」のノアも預言者とされています。イスラームでは、イエスも預言者のひとりと考えています。

では、ムハンマドはどんな預言者かというと、「最後にして最大の預言者」です。つまり最高の預言者。格が違うのです。イスラームではそのように考えています。

イスラームでは、イエスは預言者のひとりと考えられていますが、当のキリスト教では、イエスは「神の子」です。預言者であれば人間ですが、神の子は人間ではありません。

イエスの死後、キリスト教の初期には、イエスとはいったい何なのかという議論がありました。端的にいうと、イエスは人間なのか神なのか、という議論です。

そして最終的に、父なる神、その子たるイエス、そして聖霊の3つは同質であるという「三位一体説《さんみいったいせつ》」が、正統な考え方として採用されました。

ムハンマドは、キリスト教のこのあり方を厳しく批判したようです。イエスは神ではない、人間ではないか、預言者のひとりではないか、というのです。

セム的一神教の考えからすると、神は宇宙を創造するほどの存在です。それがたとえ偉大な人間だとしても、どう見ても人間に見える（見えた）イエスを神と同質とするのは納得がいかないでしょう。キリスト教では議論の末、イエスは神と同質になりましたが、「それはやはりおかしい」とイスラームでは考えるのです。

「最大の」とか「最高の」などと形容されても、預言者であるムハンマドは人間です。神ではありません。ムハンマド自身も、自分が神格化されることを恐れていたようで、自分は普通の人間であると言い続けたといいます。

この点、ブッダも同様で、自分が神聖視されることをとても恐れていました。ただしブッダは、神の声を預かったのではなく、厳しい修行ののちに悟りの境地に到達しています。そこがムハンマドと大きく異なる点です。**開祖であるムハンマドですら「ひとりの人間」なのだから、イスラームでは個人崇拝はありません**。人間は崇拝の対象にならないのです。

イスラームで預言者のひとりとされるイエスは、いろいろな奇跡を起こしたことが『新約聖書』に記されています。前述した甕に入っている水をイエスが葡萄酒に変えた話のほかにも、亡くなった人を生き返らせたり、湖の上を歩いたりしています。まるで神のようなことも、イエスはしているのです。

ところが、ムハンマドはそういう神がかったことはしていません。神の啓示を受けたときには、頭がおかしくなったんじゃないかと、妻に相談しているくらいです。そういう意味では、まったく普通の人です。

ムハンマドは神ではなく、普通の人間である。そのことをムハンマド自身も強調し、イスラームでも、そのようになっているのです。

イスラームでは、神はアッラーのみです。三位一体説というアイデアを生み出したキリスト教にくらべると、イスラームのほうが筋がすっきり通っている印象を受けます。

ムハンマドってどんな人物？

生まれ………570～571年ごろ、アラビア半島の商業都市メッカに住むクライシュ族のハーシム家に生まれる。幼少期に親を亡くし、叔父のもとで育つ。

青年期………一族の生業である商業、貿易に従事し、25歳のころ、裕福な商人で未亡人だった15歳年上のハディージャと結婚。

神の啓示……40歳のころ、悩みを抱えたムハンマドは洞窟で瞑想中、そこに現れた大天使ジブリール（ガブリエル）からアッラーの言葉を伝えられ、預言者になることを決意。妻のハディージャが最初の信者になったという。

ヒジュラ……ムハンマドは当時、多神教だったメッカでアッラーのみを信仰するイスラームを布教していたが、異教徒扱いされ迫害を受ける。そこで622年、70名といわれる信者とともにメディナへと移住（ヒジュラ＝聖遷）。そこで信者の共同体「ウンマ」を形成し、次第に勢力を伸ばす。

晩年…………630年、１万の軍勢を率いてメッカを征服。同地を聖地と定める。さらに敵対部族を倒しアラビア半島をイスラームで統一。632年、メディナからメッカへ大巡礼を行ったのち、体調悪化によりメディナで死去。

皇帝も大富豪も神の奴隷

絶対の存在である神の前では、自分たちは皆、同じ僕《しもべ》である、というのがイスラームの考えです。もっといえば、神の奴隷である、ということです。

『イスラーム生誕』（井筒俊彦著、中公文庫）を見てみましょう。

この新しい宗教は、神と人との宗教的関係を、主人―奴隷関係という形で根本的に規定した。すなわち、ムハンマドの興したこの新宗教に入信して「ムスリム」となる人は、独立不依の存在としての人間であることをやめて、神を「主《ラツブ》」（rabb）とし、これに仕える「奴隷《アブド》」（abd）となって新しい人生を生き始めることを要求されたのである。神―人の関係が、ここに主人―奴隷の関係として確立された。アラブ精神史上に起った一つの革命的出来事である。

「アブド」（abd）という言葉を日本語に移すとき、「奴隷」という語のもつあまりに強烈な生々しい印象を緩和したいという気持ちに押されて、われわれは普通「僕《しもべ》」と

ご購読ありがとうございました。今後の出版企画の参考に
致したいと存じますので、ぜひご意見をお聞かせください。

書籍名

お買い求めの動機

1　書店で見て　2　新聞広告（紙名　　　　　　　　　　　）

3　書評・新刊紹介（掲載紙名　　　　　　　　　　　）

4　知人・同僚のすすめ　5　上司、先生のすすめ　6　その他

本書の装幀（カバー），デザインなどに関するご感想

1　洒落ていた　2　めだっていた　3　タイトルがよい

4　まあまあ　5　よくない　6　その他(　　　　　　　　　　　)

本書の定価についてご意見をお聞かせください

1　高い　2　安い　3　手ごろ　4　その他(　　　　　　　　　　　)

本書についてご意見をお聞かせください

どんな出版をご希望ですか（著者、テーマなど）

郵便はがき

料金受取人払郵便

牛込局承認

9410

差出有効期間
2021年10月31日まで
切手はいりません

162-8790

東京都新宿区矢来町114番地
神楽坂高橋ビル5F

株式会社ビジネス社

愛読者係 行

ご住所　〒 TEL:　(　　)　FAX:　(　　)		
フリガナ お名前	年齢	性別 男・女
ご職業	メールアドレスまたはFAX メールまたはFAXによる新刊案内をご希望の方は、ご記入下さい。	
お買い上げ日・書店名 年　月　日	市区 町村	書店

いう語を使う。しかし本当は「アブド」という語は文字通り奴隷を意味するものであり、また実際そう訳してこそ、特にイスラームがアラビアの宗教運動として興った最初期における神―人間関係のなまの感覚を伝えることができるのだということを、ここに一言注意しておきたい。

アッラーと人間との関係は、主人と奴隷の関係と見ることこそ適切であると、世界的なイスラーム学者の井筒俊彦氏は見ています。「僕」では弱いということです。

そして**イスラームでは、広大な領地を支配する皇帝や王であっても、巨万の富を持つ大富豪であっても、主人たりえないとします。つまり、地上に住むいかなる者も〝主《しゅ》〟に値しない**のです。人は、いかなる人であっても、神たりえない。人は人にすぎない、という考えです。

人は人を奴隷として扱ってきた歴史があります。

たとえば、古代ギリシャのアテネでは民主政が行われましたが、奴隷に人権はなく、彼らは「しゃべる家畜」とさえいわれました。古代ローマでは、紀元前73年にスパルタクス率いる大規模な奴隷の反乱が起きています。

イギリスから独立したアメリカにも奴隷は存在し、奴隷解放宣言が出されたのは1863年のことです。そのほか、古今東西、世界のあちこちで人は人を奴隷にして、酷使してきた歴史があります。

しかしイスラームは、人は誰しも神の前では平等であるとし、ただひとつ、神、アッラーの奴隷であるとしたのです。

皆、等しく神の奴隷で、神と人は直接つながります。そして、人々は喜んで奴隷であろうとします。**アッラーとムスリムとの間には何者も存在しないのが原則ですから、聖職者は存在しません。この点、キリスト教とは異なります。**

ムスリムとはイスラームの教徒のことですが、もう少し正確にいえば、「帰依《きえ》する者」のことです。「誰に」といえば「神に」です。自分を完全に神に任せてしまった人のことを「ムスリム」というのです。

日本でも「神様の言うとおり」などと言ったりしますが、重みの次元はまるで違います。身をすべて神にゆだねる。「独立不依の存在としての人間であることをやめて」まで、アッラーに自分をゆだねる。これはやはり神の奴隷というべき存在なのでしょう。

なぜムスリムは1日5回メッカに向けて礼拝するのか？

先述したように、イスラームでは行動の細かなところまで「こうしなさい」「ああしなさい」と定めています。

基本的なこととしては「六信五行《ろくしんごぎょう》」と呼ばれる義務があります。

六信は神・天使・啓典・預言者・来世・天命（定命）の6つを信じなければいけないことで、啓典は『コーラン』を指します。

五行は信仰告白・礼拝・断食・喜捨・巡礼の5つを行いなさい、ということです。

「アッラーのほかに神なし。ムハンマドはアッラーの使徒なり」

この言葉を声に出して唱えることが信仰告白です。

礼拝は1日に5回、メッカ（サウジアラビア）のカーバ神殿に向けて行います。メッカはムハンマドの生まれた地で、イスラーム第一の聖地です。第二の聖地はメディナ（サウジアラビア）、第三の聖地はエルサレムです。

カーバ神殿には、イスラームが興る前から多くの神像が祀《まつ》られていました。そもそもカーバ神殿は、アラビア半島で多神教を信仰する人々の中心地だったようです。

それが大きく変わったのは、630年、ムハンマドがメッカを占領してから。カーバ神殿の神像や偶像を、ムハンマドたちがことごとく破壊したのです。それ以来、カーバ神殿には何も祀られていません。イスラームは偶像崇拝を禁止しているからです。個人（人間）を崇拝することも、偶像を崇拝することも、イスラームでは厳しく禁じられているのです。

禁止事項はほかにもあって、たとえば豚肉を食べることや酒を飲むことなどが禁じられています。

イスラームの生活規定は実に多岐にわたります。結婚、離婚、遺産相続、売買契約、賃貸契約、犯罪の罰則、さらには裁判についてまでも、イスラームでは規定されています。

そうして見ると、イスラームは法体系でもあることがわかります。日本でいえば、民法や商法、刑法に該当する法律的な事項も含まれているのです。

無論、イスラームは宗教です。ただ、それに加えて教徒の行動様式でもあるし、イスラーム社会全体の法体系でもあります。**「信仰＋行動様式＋法体系＝イスラーム」**と考えると、理解しやすいのではないでしょうか。

「六信五行」の具体的な内容は？

六信

神……………アッラー:アラビア語の神「イラーフ（イラーハ）」+定冠詞「アル」でできた言葉で、唯一神のこと

天使…………神と人間をつなぐ神のしもべ：ジブリール、ミーカーイール（ミカエル）、アズラーイールなど

啓典…………神の言葉を集めた書物：コーラン

預言者………神の言葉（啓示）を預かり、ほかの人々に伝える人：ムハンマド、ノア、アブラハム、モーセ、イエスなど

来世…………死後の世界：最後の審判で生前の行いがよかった人は天国、そうでない人は地獄へ行く

天命(定命)……神が定めた運命：この世のこと、未来はすべてアッラーによって運命づけられているということ

五行

信仰告白………アラビア語で神はアッラーのみだと誓うこと：入信の際、2人の男性の証人の前で唱える

礼拝…………1日5回、メッカの方向に向かって礼拝すること：夜明け、正午、午後、日没、夜に清潔な場所で行う

喜捨…………貧しい人に富を分け与えること：割合は全財産の3%前後で、義務の喜捨「ザカート」と自発的な喜捨「サダカ」の2種類がある

断食…………食欲のみならず、性欲などあらゆる欲望を断つこと：イスラーム（ヒジュラ）暦の9月である「ラマダン」の日中に行う

巡礼…………メッカのカーバ神殿を詣でること：経済的・肉体的に可能であれば、一生に一度、できればイスラーム暦12月「ズール・ヒッジャ月（巡礼月）」に行う

そうしたイスラームを信仰するムスリムたちの日常は、どのようなものでしょうか。わかりやすくいえば、毎日一つひとつ、ハンコを押すような感じで、粛々《しゅくしゅく》と物事が進んでいくイメージでしょうか。

「よし、できた。ポン」「よし、これもできた。ポン」「よし、次もできた。ポン」。ハンコを押すのはアッラーかその人の心の内か、あるいはほかの誰かなのかはわかりませんが、決められた戒律を守る形で日々が進んでいきます。戒律を守るのは、信者として当然の務めです。できて当たり前、守って当たり前です。

「今日はふたつ守れなかったな。まぁ、仕方ないか。明日はもうちょっとちゃんとやろう」などということが許される世界ではありませんし、そもそもムスリムにそうした発想はありません。戒律は100パーセント守るのが当然という意識なのです。

また、イスラームを心のなかで信仰するのはもちろん重要ですが、それだけではムスリムとはいえません。**教えのすべてを信仰し、行動が伴ってこそムスリム**です。

となると、主に江戸時代に見られた「隠れキリシタン」のような存在は、イスラームでは不可能かもしれません。お酒を飲んではいけないし、豚肉を食べてもいけないし、商売の仕方も定められているのです。こっそりムスリムでいることなど、できないでしょう。

前述したように、私がお世話になったフィジーのムスリムも、「今から礼拝をするので、席を外します」と言って、堂々と私の前から立ち去りました。やはり「隠れムスリム」でいることは難しそうです。

イスラームの方程式は常に「宗教∨国家」

イスラームは社会のあらゆる事柄を規定しています。ですから、ムスリムの生活のすべてはイスラームにのっとって行われます。

ムスリムとしてのアイデンティティも、非常に強力です。「私は○△の夫である」「私は□×市の市民である」「私は△□社の社員である」……。どれもその人のアイデンティティになりそうですが、ムスリムにおいては、ムスリムであること自体が最大のアイデンティティです。

もしムスリムであることを否定されたら……。それは、その人の全否定につながります。さらには、その集団を全否定することにもなります。

私たちは日本人であることが、かなり大きなアイデンティティになっています。日本人であることをやめろとか、日本語を話すことも書くことも許さないなどと言われたら、ほとんどの人が困惑したり、反発したり、抵抗したりするでしょう。多くの日本人にとって、日本人であることを捨てるのはそれほど難しく、厳しいことです。

それは、たとえば日本人の仏教徒が仏教徒であることをやめろと言われたり、お寺に行くのを禁じられたりするよりも、きついことのように思います。多くの日本人にとって、日本人であることは、仏教徒であったり、キリスト教徒であったりすることよりも大きなアイデンティティであるということです。

なかには「仏教から改宗しなければならないなら、日本の国籍を捨てる」という人もいるかもしれませんが、限られたごく少数ではないでしょうか。

つまり、信徒としての意識が非常に強い一部の人たちを除けば、日本では一般的に「国籍＞宗教」であるといえます。日本人であることのほうが、何らかの宗教の教徒であることよりも重いのです。

ところが、ムスリムは違います。**ムスリムは「宗教＞国籍」、あるいは「宗教＞国家」**です。国家よりも、その国の国民であることよりも、宗教つまりイスラームのほうが重いのです。

なにしろムスリムは神の奴隷です。神、アッラーは絶対の存在です。アッラーに勝るものはないのです。となると、**国といえどもアッラーにはかなわない**ことになります。だから、ムスリムは国を越えて連帯します。アッラーを信仰する者同士の強力な思いが国を越えて結びつくのです。

ムスリムにとってのイスラームは、日本人にとっての仏教より、はるかに重く大きな存在であるといえるでしょう。

ムスリムがめざす「緑園」とは？

イスラームは信仰であり、法律であり、行動を規定するものでもあるから、ムスリムにとって、これは巨大な存在です。日本人が元日に神社に詣でたり、お盆に先祖のお墓にお参りしたりするのとは次元が違います。日曜日には教会に足を運んで、神に祈りを捧げているキリスト教徒よりも、おそらくずっと強い〝想い〟と〝縛り〟が、ムスリムには働いているように思います。

そうなると、これは非常に強いアイデンティティになります。ムスリムであることで、アイデンティティが完璧に確定するという強さとよさがあります。**自分はいったい何者なのか、どうやって生きていけばいいのか、何のために生きているのか……といった迷いや悩みがなくなる**わけです。

ムスリムであることは、アッラーに従うこと。『コーラン』に従うこと。そして、人生の目的はアッラーから授かった戒律を守って生き、それによって、天国への切符をもらうこと。そうした大いなる軸があるため、生き方がぶれません。

イスラームでいう天国は「緑園《りょくえん》(緑の園《その》)」と呼ばれます。そこは天国だけあって、実に楽しそうです。どんなところか、『コーラン 下』(井筒俊彦訳、岩波文庫)を見てみましょう。以下は「四四 煙」の項の一文です。

見よ、このザックームの木(第三七章、六〇節に前出。地獄のどん底に生える怪木である)、これが罪ふかい者の食物《くいもの》。どろどろに熔かした銅のように腹の中で煮えかえり、熱湯のようにぐつぐつ煮え立つ。

「この者を連れて行って、地獄の真只中に曳きずり込め。熱湯の責苦を頭からざあっとあびせかけよ(神が地獄番に命ずる言葉)。」「さ、とくと味わうがいい。まったくお前は偉い、立派なお方。これこそお前らが（現世で）疑っていたもの。」

だが敬虔な信者たちだけは安全なところに置いて戴ける。見はるかす緑の園、湧き出す泉。絹や錦を身につけてみんな互いに向い合う（宴会の座席のつもり）。それからまた、つぶら瞳の美女たちを妻として与えよう。ここではどんな果物でも望み次第、なんの心配もありはせぬ。ここへ入ったからは、最初一遍死んだだけでもう二度と死の苦しみをなめることもなく、地獄の責苦からは（アッラー）が守って下さる。みんな神様の思召し。まことに、これこそ大した儲けもの。

とにもかくにもこうして汝（マホメット）の言葉（アラビア語）でわかりやすくしておいたから、はっと気のつく者も出るであろう。

また、『イスラム教入門』（中村廣治郎著、岩波新書）には次のような記述があります。

人間はすべて墓からあばき出され、生前の姿に戻される。これが復活である。こののち、人間は一人残らず神の前に引き出され、審判を受ける。各人の生前の信仰や行為が記された「帳簿」が目の前で開けられ、計量される。その結果、信仰者で行ないの正しい人は天国に、不信仰者と罪人は地獄におとされるが、信仰者であればやがて浄められて天国に入る。

天国では何の気遣いもなく、こんこんと湧き出る泉、緑したたる樹蔭で美味しい果物を食べ、美しい乙女を妻として与えられ、主の御顔を拝し、永遠の至福の生活を送る。他方、信仰なき者は地獄で罰の責苦を受ける。

緑園はなかなかよいところのようです。とくに砂漠に住む人たちにとっては、まさに天国といえるでしょう。

キリスト教は男女平等で、イスラームは男性中心主義？

前項の『コーラン』の内容で少し気になるのは、これは〝男性目線〟ではないかという点です。**美女たちを妻にもらうという〝特典〟は、男性用です。女性が二次的な存在として書かれている点は、現代人の視点からすると気になるところ**ではあります。

『イスラーム基礎講座』（渥美堅持著、東京堂出版）には、次のような話が書かれています。かなりショッキングな内容です。以下に要約してみました。

イスラーム世界では、原則として、正式な婚約が成立していない男女の交際は認められていません。もしその禁を破ると、その一族全員に淫乱の血が流れていると判断されてしまいます。

ある娘が婚約しました。婚約は本人にとって幸せであるだけでなく、その家族の名誉の面からも、とても喜ばしいことです。

婚約したことを公にした娘は、そのうれしさを隠すことができず、何を見ても、何を聞いても笑い、笑顔が絶えないほどになりました。

彼女は通勤するとき、同じ時間にいつもすれ違う男性がいました。普段は顔を合わせても無表情でしたが、婚約したうれしさから、このときも彼女は笑顔でした。

その姿を近くの子供が見ていて、「あの娘は婚約したのに、ほかの男に微笑みかけた」と、町の人に話したのです。話を聞いた人たちは、娘を「淫乱」と噂するようになり、その話はやがて娘の父親の耳に入ります。

父親はいったいどうしたか。なんと娘を殺したのです。そして、叫びました。「もし娘が淫乱なら、その血はこれで絶えた。わが家系に淫乱の血が流れているとするなら、私の行動がそれを否定した」と。

この父親はその後、どうなったか。(この親子が住む) エジプトの政府もイスラーム法曹界も無罪としたのです。

これに似た事件はほかにもあります。父親の許しもなく、結婚前の娘が男友達と旅行に行きました。父親は娘が帰宅するや否や殺したのです。父親は無罪になっただけでなく、称賛を受けたと報道されました。

私たち日本人には、なんとも理解しがたい行動です。それに対する周りの人のとらえ方や法の判断も、また理解しがたいでしょう。

ただ、**キリスト教にも男性中心的な考えはあります**。次のような『新約聖書』の記述を見てみましょう。

女は男の栄光を映す者です。というのは、男が女から出て来たのではなく、女が男から出て来たのだし、男が女のために造られたのではなく、女が男のために造られたのだからです。

「コリントの信徒への手紙」の一節です。

婦人は、静かに、全く従順に学ぶべきです。婦人が教えたり、男の上に立ったりするのを、わたしは許しません。むしろ、静かにしているべきです。なぜならば、アダムが最初に造られ、それからエバが造られたからです。

こちらは「テモテへの手紙」から引用しました。

「キリスト教は男女平等」というイメージを持っている人もいるかもしれませんが、『新約聖書』にも右のような記述があるのです。このあたりは『コーラン』の男性中心的な考えに相通じるものを感じます。

とはいえ、現在のキリスト教社会で、〝淫《みだ》らな行い〟をしたことを理由に娘を殺す父親は、ほとんどいないでしょう。しかも、その父親が称賛されることなど、少なくとも近代国家では極めて考えにくいことです。

キリスト教とイスラーム、それぞれの「最後の審判」

天国では何も気遣うことなく、おいしい果物を食べ、美女たちと暮らせる。そして、神の顔を拝んで、至福の生活を永遠に送ることができる。一方、神を信じない者や神の教えに背いた者は、地獄に落ちて、厳しい罰を受けることになる……。

この両者を分けるのはイスラームの「最後の審判」です。

キリスト教にも「最後の審判」という考え方があります。日本人には、キリスト教の最後の審判のほうが知られているでしょう。

キリスト教の最後の審判とは終末、つまりこの世の終わりのときにイエスが再臨し、天国へ行く人間と地獄へ行く人間とに分ける裁きのことです。

時は満ち、神の国は近づいた。悔い改めて福音を信じなさい。

『新約聖書』の「マルコによる福音書」には、このように記されています。また同じく『新約聖書』の「ルカによる福音書」には以下の記載もあります。

ファリサイ派の人々が、神の国はいつ来るのかと尋ねたので、イエスは答えて言われた。「神の国は、見える形では来ない。『ここにある』『あそこにある』と言えるものでもない。実に、神の国はあなたがたの間にあるのだ」

イエスは人の心の内を重視していたことをうかがわせます。

バチカン市国のローマ教皇庁にあるシスティーナ礼拝堂には、ルネサンス期にミケランジェロが描いた壁画「最後の審判」があります。そこには、天国へ昇る善人たちと地獄へ落ちる悪人たちが描かれています。

キリスト教とイスラームの最後の審判をくらべてみると、イスラームのほうがより明白に天国（神の国、緑の園）と地獄とを分けている印象を受けます。キリスト教では、神の国といっているだけで、それがどんなところかは明言していません。問うているのも、人の心の内です。そもそも、ミケランジェロの「最後の審判」は別にして、天国と地獄の違いを明確に表現しているわけでもありません。一方のイスラームでは、天国がどんなところか具体的に描写しています。

こうして見ると、**少なくとも最後の審判については、イスラームのほうがよりストレートに人間に問いかけている**ように思います。

おまえはどうなんだ。アッラーを信仰しているのか。行いは正しいのか。信仰し、正しく生きてきたのなら、天国へ行けるぞ。しかし、もし信仰していないのなら、地獄に落ちるぞ。たとえ信仰していても、正しい行いをしてこなかったのなら、やはり地獄に落ちるぞ……。そんなふうに迫ります。

これは考えようによっては、人間の不安や恐怖心と欲望を思いきり突いています。死後の不安、恐怖心、そして欲望をセットにして、「さぁ、おまえはどうなんだ！」と迫ってきます。このあり方はイスラームを広めていくうえで、大きな原動力のひとつになったのではないでしょうか。

ミケランジェロが描いた「最後の審判」

400名以上の人物が描かれており、中央のイエスが死者に裁きを下している。向かって左側に天国へ昇る善人たちが、右側に地獄へ落ちる悪人たちが描かれている。

格差を是正するイスラームの優れた仕組み

ムハンマドが生きた時代のアラブ地方は、部族間の抗争が絶えませんでした。そうしたときにムハンマドは神の声を聞き、神の前ではすべての人間が平等であると伝えました。どの部族の者であろうが、あるいはどの部族の長であろうが、その神、アッラーの前では等しくひれ伏す。そうなると、抗争は起こりにくくなります。

おまえはアッラーを信仰しているんだな。オレもだ。オレたちはアッラーの前ではみんな同じだ。何も変わりはしない。仲間じゃないか……。こんなふうに意識が変わっていったのでしょう。

たとえ戦争をしても、ある時間になると、敵対している者同士、同じ神、アッラーに向かって礼拝する。「聖なるお方　おおアッラー　たたえるべきお方」などと一斉に言う。となると、どうでしょうか。おそらく、戦いは盛り上がらないのではないでしょうか。もちろん、戦争など盛り上がらないほうがいいに決まっていますが、図ってか図らずか、**アラブ地方はイスラームに改宗が進むにつれて抗争が沈静化していった**のです。

イスラームを信仰しムスリムになるということは、同じ神を信じ、同じ行動様式をとるということです。すると、部族による違いよりもムスリムである共通性のほうが増えていきます。敵として争うよりも共感することが増え、同胞意識が強まっていきます。こうなるともう、敵というより仲間です。イスラームが、アラブ地方をまとめていく強力な道具として作用したのです。

ムハンマドの時代は格差社会でもありました。富を蓄えた一部の者がいる一方、多くの人は貧困にあえいでいました。貧しい人たちの暮らしは厳しく、不満も持っていました。そうしたところに、イスラームは「すべては神のものである」と言ったのです。そして「富も何もかもアッラーに返しなさい」と。

すべての富や財は最終的には神に捧げるもの。しかも捧げられたものは、キリスト教のカトリックのように教会に持っていかれることもありません。そもそもイスラームにキリスト教の教会に相当する組織がないのだから、そうなりようがないのです。

先ほど、「六信五行」の五行のひとつに「喜捨」があると書きました。**イスラームでは、財産や収入の一部を困窮者に施す義務があります。「富める者は貧しい者に分け与えよ」**

という教えで、これが喜捨です。

喜捨をしないと、死後、天国（緑園）に行けなくなってしまいます。ムスリムにとって、これは極めて重いことです。当たり前ですが、地獄には絶対に行きたくありませんので、天国への切符を手にするために、多くの人が進んで喜捨します。

また、イスラーム社会では、ウラマーと呼ばれる神学や法学の学者がいて、人々の生活の相談などを行っています。このウラマーをキリスト教の神父や牧師のような聖職者と思っている人もいるようですが、そうではありません。ウラマーはあくまで学者であって、聖職者ではないのです。

教会も聖職者も存在しない。これはイスラームの特徴のひとつです。「人は神の前で平等である」意識が行き渡っているといえます。

人の社会は、放っておけば、格差が生じ、広がり、不平等になっていくもの。自由な経済活動をしていると、力や環境の差が生じて、なおさら不平等になりがちです。

しかし、イスラームのような思想を持つ社会であれば、格差が縮小、ないしは是正される可能性は大いにあります。どうしても生じてしまう格差を是正するのに効果的な思想であり、社会の仕組みだといえます。

法の下の平等と神の前の平等

格差が是正されるということは、経済面での平等が促されることを意味します。

さらに、**神の前ではすべての人が平等であるとイスラームでは教えているので、身分上の平等や意識のうえでの平等もある程度は達成できます**。なにしろ開祖のムハンマドですら特別な存在ではなく、聖職者も存在しえない教えです。ムスリムは誰であれ、人間にはひれ伏しません。ひれ伏す対象は唯一、神、アッラーのみです。

現代につながる平等や人権の概念は近代国家のなかで徐々に確立していきました。たとえば、アメリカ独立戦争時に出された「独立宣言」や、フランス革命時に発表された「人権宣言」などは世界各国各地に多大な影響を与えました。

「独立宣言」が発表されたのは１７７６年です。13ある植民地の代表がイギリスから独立することを表明しました。この宣言では、基本的人権、革命権、平等、生命・自由・幸福を追求する権利などがうたわれています。

また、「人権宣言」が発表されたのは１７８９年です。「人間は、生まれながらにして、自由であり、権利において平等である。社会的な差別は、共同の利益に基づく場合にしか設けられない」と、その第1条には書かれています。

「独立宣言」や「人権宣言」でうたわれた人権、平等、自由といった思想は、現在の日本の憲法である「日本国憲法」にも盛り込まれています。基本的人権の尊重、法の下の平等、思想・信教・表現・集会の自由などです。現在の日本も、近代欧米国家の影響を非常に大きく受けていることがわかります。

18世紀に欧米で花開き、大きく育っていった人権、平等、自由などの思想。これは人類のすばらしい財産です。

ただ、考えてみると、それよりはるか昔の7世紀に、すでにイスラームでは平等の概念を唱え、実行に移していたことに気づかされます。それは「神の前の平等」であって、近代国家の「法の下の平等」とは異なります。

「神」と「法」はたしかに違いますが、神であっても、法であっても、実際問題として人の平等を達成できるのであれば、どちらでもかまわないという考え方もできます。そういう意味では、当時におけるイスラームの先進性を感じられるのではないでしょうか。

第4章

イスラームはどこへ向かうのか

世界の文化、科学、経済をリードしたイスラーム

イスラームはこの先、どうなっていくのか、あるいはどこへ向かうのか、といったことを考えるには、イスラームの歴史を振り返ることも重要です。そこでまずは、イスラームの歴史を簡単に振り返ってみることにします。

現在、イスラームを信仰する人たちが住む国や地域を見てみると、戦乱の中東や貧困のアフリカというイメージが強く、発展が遅れていると思っている人もいるでしょう。

また、イスラームの戒律や因習、旧習が人々の自由を制限し、伸びやかに生きることを押さえつけ、経済発展の足かせにすらなっていると考える人もいるかもしれません。

しかし、本当にそうなのでしょうか。実は**イスラームはかつて、経済面でも科学技術面でも世界をけん引していました。キリスト教世界よりもイスラーム世界のほうが進んでいたのです。しかも、そうしたイスラーム文化圏の先進性は1000年近くも続きました。**

ムハンマドがメッカで、神アッラーの言葉を聞いたのは610年ごろ。そこから、イス

ラームはまずアラビア半島に広がっていきました。イスラームはその後、中東全域、北アフリカ、さらにはイベリア半島にまで勢力を広げていきます。イスラームが支配した地域は、ローマ帝国よりも広かったのです。

750年に成立したアッバース朝の時代には、アラブ人の特権が廃止され、すべてのムスリムが平等に扱われるようになりました。いわば、本来あるべきイスラームの姿にしたということです。アラブ民族を超えて発展していったイスラームは、「イスラーム帝国」と呼ばれるまでになります。

日本でも知られている『アラビアン・ナイト（千夜一夜物語）』は、8〜9世紀に原型がまとめられました。話の多くはアッバース朝時代のバグダッドを背景にしています。

当時のバグダッドは唐の長安と並ぶ大都市で、国際都市でもありました。バグダッドは762年からアッバース朝の首都になり、現在はイラクの首都です。

イスラームは多くの文化・文明を生み、発展させました。数学、天文学、地理学、医学、化学、歴史学、文学、美術など、その分野は多岐にわたります。アラビア固有の学問に加え、古代ギリシャなどの学問の影響も受けて発展していきました。

たとえば医学では、外科の技術が発達し、帝王切開による出産も早くから行われたようです。イスラームの先進的な医学は、のちにヨーロッパの医学に多大な影響を与えました。

また、薬剤師と錬金術師が実験を繰り返すことで、薬学や化学が大きく発展していきます。錬金術は12～13世紀にヨーロッパに伝わり、近代科学の基礎になりました。

数字の起源はインドで、のちにアラビアに伝えられ、そこで改良されて、ヨーロッパへと広がっていきました。**ヨーロッパでアラビア数字といわれたため、日本でも、アラビア数字とも呼ばれるようになった**のです。この数字の恩恵も今、世界中の人が受けているのは言うまでもありません。

ムスリムたちは古代ギリシャや古代ローマの知識も学び、蓄積していきました。ギリシャ語を理解し、アリストテレスの哲学なども研究していたのです。

イスラーム圏は長く世界の先進地域でしたが、その地位は次第に変わっていきます。その原因のひとつに、キリスト教の軍隊ともいうべき十字軍の遠征がありました。

今も生き続ける「十字軍」という亡霊

「十字軍」というと、多くの日本人には単なる歴史の知識のひとつにしか感じられないかもしれません。昔、中学や高校のころ、試験に出るから仕方なく覚えたという人もいるでしょう。

しかし、この**十字軍、あるいは十字軍の遠征は現在も生き続けている〝歴史〟**です。

たとえば、２００１年の9月11日に起きたアメリカ同時多発テロ事件（いわゆる９１１）後、ジョージ・W・ブッシュ米大統領は「この十字軍、この対テロ戦争は……」といった発言をしました。

また、世界各地でテロ活動を行ったイスラーム国（イスラム国、ＩＳ＝Islamic State）は、アメリカやイギリス、フランスなどの軍隊を十字軍であるとして、「我らの戦いは十字軍との戦いである」と発言しています。十字軍は〝現在進行形の歴史〟ともいえるのです。

さて、本家本元の十字軍の遠征について説明しましょう。

十字軍の遠征は、１０９６年から13世紀の間に、ヨーロッパ諸国のキリスト教徒により聖地エルサレムを奪回するという名目で行われました。ほぼ２００年間にわたって7回ほど、キリスト教徒の軍隊が送り込まれました。「7回ほど」と書いたのは、数え方によって、回数が異なるためです。

エルサレムはユダヤ教、キリスト教、イスラームの共通の聖地です。**エルサレムの旧市街には、ユダヤ教の「嘆きの壁」、キリスト教の「聖墳墓《せいふんぼ》教会」、イスラームの「岩のドーム」があります。**

「嘆きの壁」はヘブライ王国のソロモン王時代にあった神殿の城壁といわれます。

「聖墳墓教会」は335年（336年説もあり）、イエスが処刑されたゴルゴタの丘に、ローマ帝国のコンスタンティヌス帝の命《めい》で建立されました。

「岩のドーム」は現存する最古のイスラーム建築で、687～691年に建立されたといわれます。ムハンマドが昇天したとされる巨石の上に立っています。

それぞれの宗教にとって、この土地が極めて重い意味を持つことがわかります。

第1回目の十字軍の遠征が行われた当時、エルサレムはイスラームの支配下にありました。西ヨーロッパでは当時、教皇権が強まっていた時期で、教皇ウルバヌス2世が聖地エルサレムの奪回を宣言したのです。

しかし、イスラーム側からすると、「奪回」という言葉は妥当ではありません。というのも、ムスリムたちがキリスト教徒を迫害したわけでも、エルサレムから追い出したわけ

エルサレム旧市街には聖地がひしめき合っている！

イエスが復活したとされる「聖墳墓教会」、ユダ王国時代のエルサレム神殿の外壁である「嘆きの壁」、ムハンマドが昇天したとされる「岩のドーム」とその礼拝堂である「アル=アクサー・モスク」が、わずか約1km四方のエルサレム旧市街に立ち並んでいる。

でもなかったからです。あるいは、エルサレムのキリスト教の聖地「聖墳墓教会」が荒らされるようなことも、起きていません。狭いエルサレムのなかではありましたが、うまい具合にすみ分けができていたのです。

近年では、十字軍の遠征は侵略戦争だったという見解も少なくありません。イスラーム側やアラブ側からすると、いきなり強盗に押し入られたような状態だったともいえるわけです。

ムスリムたちは、古代ギリシャや古代ローマの知識も学んで蓄積していたと、前項で書きました。その知の蓄積を、のちにはヨーロッパの人々が学びました。ということは、ヨーロッパは自分たちの文化の根幹をイスラームを通して学んだということです。

ムスリムのおかげで、ヨーロッパの文化・文明は発展することができた。となると、ヨーロッパの人たちはムスリムに恩があるともいえます。

ところが、ヨーロッパのキリスト教徒は、十字軍という軍隊をエルサレムなどに送りつけました。

たとえば第1回の十字軍は、エルサレムで非常に多くの人を虐殺し、略奪も行っています。殺された人はムスリムだけでなく、ユダヤ教徒もいました。虐殺と略奪を繰り返したあげく、十字軍は「エルサレム王国」を建国しました。

自分たちはキリスト教徒に対して、悪いことはしていないはずだ。むしろ、いろいろな恩恵を与えてきたではないか。それなのに、ヤツらはオレたちに襲いかかった。略奪し、惨殺し、オレたちの暮らしを破壊した……。ムスリムがこのように考えても、おかしくはありません。彼らからしたら、恩を仇《あだ》で返されたようなものだったでしょう。

「リメンバー十字軍」。こうした言葉が実際に使われたわけではありませんが、ムスリムの胸には十字軍、あるいはキリスト教徒に対する深い反感と怨恨《えんこん》が刻まれたことでしょう。

ジハードの本質は「反撃」

7回ほど行われた十字軍の遠征では、イスラーム側に英雄も現われました。サラディン（サラーフ・アッディーン）です。彼はエルサレム王国を倒したり、第3回の十字軍遠征を撃退したりしました。

サラディンは蛮行を繰り返した十字軍とは対照的に、敵である十字軍に対して、しばしば寛大な措置をとっています。むやみに殺すことはせず、生命の安全を保証し、捕虜も解放しました。

「ジハード」は「聖戦」と訳されることが多いですね。**その本質は何かというと、十字軍の遠征のように、まず西洋側からの攻撃があって、それに対する反撃こそがジハード**なのでしょう。

イスラームでは「ジハード（聖戦）」という教徒に課せられた義務がありますが、それが成立する時は、防衛戦に限定されます。

これは前出の『イスラーム基礎講座』からの引用です。防衛はするが、先制攻撃はしないということです。

さらに同書には「おとなしく営巣している蜂を刺激しなければ蜂は蜜を楽しませてくれますが、一度巣を刺激すれば蜂は優秀なテロリストになります」とあります。

渥美氏は同書で次のような指摘もしています。

アメリカはウサマ・ビン・ラーディンに対して復讐を行うために、テロリスト支援集団にすぎないタリバンに対して激しい軍事攻撃をしかけました。もしそうしないで、交渉か秘密裏にウサマ・ビン・ラーディンを捕縛し、殺害していれば、のちのイスラーム・テロリストという集団は生み出されなかったかもしれない。

何もしなければ襲わない蜂も、棒でつつくなどして刺激すると、激しく反撃します。アメリカはかつての「対テロ戦争」で、むやみに、あるいはよけいな刺激をテロリスト予備軍に与えたのかもしれません。そのため、蜂は反撃、すなわちジハード＝聖戦に打って出たととらえることもできます。

オスマン帝国の解体とイスラーム権威の終焉

話を歴史に戻すと、「レコンキスタ」もイスラームとキリスト教との戦いでした。**レコンキスタは「国土回復運動」「再征服」などといわれますが、これはキリスト教側から見た表現**です。

イベリア半島は8世紀の初め以降、イスラームの支配下になりましたが、それをキリスト教側が取り戻そうとする争いが断続的に行われました。１４９２年まで、実に８００年近くも続いた争いです。イベリア半島の南部に残った最後のイスラーム国家をスペインが滅ぼして、レコンキスタは完了しました。

ちなみに、1492年はコロンブスがスペインの女王、イザベラの援助を受けて、アメリカ大陸に到達した年でもあります。このころ、すでに大航海時代に入っていて、スペインやポルトガルといったキリスト教国は大海原に船出し、植民地を打ち立てていきます。その過程では、第1章で見たように、ラス・カサスの『インディアスの破壊についての簡潔な報告』に書かれたような悲惨極まる出来事も数多く行われました。

イスラーム側から見ると、その後のナポレオン・ボナパルトのエジプト遠征も大きな衝撃でした。ナポレオン率いるフランス軍が1798年にエジプトに侵攻し、イスラームの軍隊を打ち破ったのです。

当時、エジプトはオスマン帝国の領土でしたが、実質的にはマムルークと呼ばれるイスラームの軍人たちが統治していました。マムルーク軍は高度に訓練された騎兵隊でしたが、ナポレオン率いる近代的な軍隊に敗れたのです。この敗戦のショックは、ずいぶん大きかったでしょう。

その後も、ヨーロッパのキリスト教国によるイスラーム世界への進出が止まりません。**1869年にはスエズ運河が開通して、イギリスがエジプトを支配**するようになります。

オスマン帝国の支配
ロシア帝国
バルカンのキリスト教徒
オスマン帝国で政教一致制に。
スルタン：軍事指導者
カリフ：宗教指導者
オスマン帝国（トルコ人）
ワッハーブ（イスラム法学者）
サウード家（軍事指導者）
スエズ運河
エジプトのアラブ人
アラビアのアラブ人
紅海
西欧と結んで（英・仏）近代化
スエズ運河建設
英の植民地化
英仏
コーランだけに従いアラブ統一を！
サウジアラビア国旗（剣とコーランの一節）

第1次世界大戦中の1917年、イギリス軍がイラクの首都のバグダッドを占領し、翌1918年には、シリアの首都、ダマスカスを占領します。その後、**第1次世界大戦が終わるとオスマン帝国は分割され、イギリスやフランスなどに占領されてしまいます。**

オスマン帝国は1299年に始まるイスラーム帝国で、領土は西アジア、北アフリカ、そして東ヨーロッパにまたがるほど広大でした。また、オスマン帝国はメッカとメディナというイスラームの2大聖地も支配下に置いていたこともあって、その皇帝はイスラームの宗教的な権威も保っていました。

オスマン帝国は解体されましたが、トルコ革命を経て、1923年にトルコ共和国が建国されます。初代大統領でアタチュルク（トルコの父）と称えられる、ムスタファ・ケマル・パシャは脱イスラーム政策を推し進めました。

カリフ制やイスラーム暦を廃止し、イスラーム法学校などを閉鎖します。さらに、イスラームを国教と定めた憲法の条文を削除し、政教分離も実施しました。トルコの父であるケマルは、トルコ近代化の父でもあります。

「カリフ」というのは、イスラームの開祖、ムハンマドの後継者、あるいは代理人という

意味です。初期のイスラーム世界では、イスラームの最高指導者の称号でもありました。

カリフ制の意義は時代とともに変容しましたが、称号としては使われ続けます。オスマン帝国では自国が衰退するなか、イスラームの権威としてカリフが用いられましたが、ケマルがそれを廃止。最後のカリフはオスマン帝国の皇太子、アブデュルメジト2世でした。

イスラーム諸国がかたくなに進んだ道

とりわけ19世紀後半以降、帝国主義が隆盛し、欧米列強による植民地政策が活発化していきます。強力な産業力を背景にして、アジアや中東、アフリカなど世界各地を侵略していきました。

そうした侵略行為を行った国の宗教は何かといえば、キリスト教です。西洋近代が生んだ帝国主義とキリスト教が、一緒になって侵略行為を推し進めたといえます。

幕末の日本にも、欧米列強の波は押し寄せました。アメリカのペリーが浦賀に来航したのは、その一例です。

日本は欧米諸国と不平等条約を締結させられるなど、いわば攻め込まれますが、すんでのところで植民地にはならずにすみました。幕末の動乱を経て、明治という新たな近代国家をつくり上げたからです。**近代国家に生まれ変わらなかったら、日本もほかのアジアや中東、アフリカの国々のように植民地にされていた可能性が十分あります。**

明治時代を迎えてからは、富国強兵、殖産興業といった旗印を掲げ、近代化にひた走りました。さらには、議会制民主主義も導入され、国は発展していきます。

明治になり、風俗や習慣も大きく変わっていきました。徐々に髷《まげ》を結わなくなり、洋服を着だして、食生活も変化していきました。服装、食事、住居、町並み、教育、仕事……あらゆることがときに急激に、ときに少しずつ変わっていきました。

江戸時代は260年以上も続いた安定した時代でした。長年にわたって、何世代にもわたって、慣れ親しみ、馴染んでいた社会状況でした。しかし、外圧があったこともあって、日本人は徳川の世を終わらせる選択をします。もちろん、抵抗はありましたが、結果としては、明治という新たな世に歩みを進めることになりました。

その日本にくらべても、イスラームの国や地域は明らかにかたくなです。外圧があっても、侵攻されても、征服されても、相手の宗教はもちろん、制度も取り入れることはせず、自分たちの信じる道を突き進んでいます。

信じる道、それはもちろんイスラームです。イスラームは信仰であり、行動様式であり、法律でもあります。そして、自分たち教徒は神であるアッラーの奴隷です。すべてはアッラーのおかげあってのことと考えます。それほどまでに強い縛りを、イスラームからかけられています。〝縛り〟などと思うのは、異教徒ゆえかもしれませんが……。

そうしたなかで、イスラームの〝縛り〟を緩めたのは、先に書いたトルコです。オスマン帝国崩壊後のトルコは、ケマルが中心になって脱イスラームを進めました。その際ケマルは、日本の近代化を見習っています。そのトルコにしても、近代化、世俗化とイスラームの伝統のはざまで、いまだに進むべき道を模索しています。

核兵器の開発も『コーラン』に従う

欧米諸国が台頭して以降、イスラーム諸国は遅れた地域と見なされるようになってしまいました。それはイスラームの考え方、行動、法、慣習、社会の仕組みなどが西洋的な近代とズレてしまったことが要因のひとつです。

たとえば、資本主義のシステムを取り入れるかどうかを考える際にも、『コーラン』に照らし合わせて考えます。

『コーラン』には商取引についても記述があります。民法や商法に関することも、イスラームにのっとっています。欧米人や日本人からすると、資本主義的に発想したほうが合理的に思えることでも、ムスリムはそうは考えません。第一の基準は、あくまでも『コーラン』なのです。

すでに見たように、イスラーム世界が経済的にも技術的にも進んでいた時代がかつてありました。商取引の方法も、イスラーム社会のほうがキリスト教社会よりも先進的でした。なにしろイスラーム商人たちは、9世紀にすでに小切手や約束手形を使っていたのです。

しかし、近代資本主義が発展して以降は、その形勢は逆転しました。それでも、イスラーム世界はイスラームを捨てず、欧米になびくこともありません。

トルコなどを除けば、政教分離もとりません。政教分離とは、文字どおり、政治と宗教は分離されるべきであるという考えです。これによって、国家権力から信教の自由が保障されることになる一方、政府が特定の宗教に従って政治をとり行うことも禁じられます。

政教分離は、近代国家の基本となる考え方のひとつなのです。

ところが、多くのイスラーム国家では、むしろ政治と宗教が一体の「政教一致」をとっています。かつて政教一致は世界的に見られましたが、近代国家が増えるにつれて少なくなりました。**西洋的な視点からすると、政教分離を取り入れないイスラームの姿勢は〝遅れている〟と見なされてしまう**わけです。

さらに西洋では、近代科学が発達し、産業革命が起こり、近代兵器の開発も進み、ついには核兵器まで開発しました。よし悪しは別として、科学技術の発達は目を見張るものがあります。

しかしイスラーム世界では、やはり『コーラン』が立ちはだかります。なにしろ**イスラーム世界では、核兵器の開発さえも『コーラン』に従うことがある**のです。以下は前出『イスラーム基礎講座』の一部です。

ホメイニー師によるイスラーム革命の結果、イランはアッラーが支配する国となり、政教分離の道を閉ざすこととなりました。あらゆることにアッラーとの契約が優先するという世界。それが現在のイランです。世界の注目を集めている核問題にしても、核開発の範囲をアッラーの法にもとづき決定するという国がイランであり、欧米やイスラエルが恐れる核兵器開発においてもイスラーム法（シャーリア）にもとづき定められる国となったのです。

アメリカやイギリス、フランスが核兵器を開発するか否かを考える際に『新約聖書』に判断を求めるでしょうか。そうしたことはまずないでしょう。となると、西洋近代的な思考では、やはりイスラームは特殊と考えられてしまうのも、やむをえないかもしれません。

変わらないイスラームのよさ

その一方で、視点を変えると、イスラーム世界からは別の風景も見えてきます。

たとえば、**民主主義は平等の社会をつくるといいますが、ではアメリカやヨーロッパの国々、そして日本に経済格差はないかというと、そんなことはありません。**

近代科学の発達は、私たちにさまざまな恩恵をもたらしてくれている一方、さまざまな害悪ももたらしています。近代兵器による大量殺戮、大気汚染や水質汚濁などの公害、自然環境の破壊など、枚挙にいとまがありません。

西洋近代的な思考と実践が世界を席巻して以降、世の中のスピードは増すばかりです。開発、進歩、成長……と、追い立てられるような社会になり、個人の生き方も、それに合わせるように追い立てられています。

その点、イスラーム社会のペースはゆったりしています。610年ごろに、神アッラーから授かった言葉を軸に暮らしているのです。なにしろ、イスラームのルールはほぼすべて、ムハンマドの時代に決まったのですから。

日本なら飛鳥時代で、聖徳太子たちが生きた時代です。今の私たち日本人が、飛鳥時代に授かった神か仏の言葉を金科玉条《きんかぎょくじょう》にして暮らしていることなど考えられるでしょうか。

もちろん、「和を尊ぶ」など、今の日本人に受け継がれている伝統もあるにはあります。しかし一方、時代の変遷にともない、柔軟に解釈したり、変化したりしている考え方や風俗、習慣もたくさんあります。それが、人間社会の一般的なあり方のように思われます。

しかし、イスラームは違う。イスラーム世界の時の流れは緩やかで、いたずらな進歩など望んでいないように見えます。しかも「喜捨」などを通して、経済格差を是正する仕組みもあるわけです。

まったく変わっていないわけではありませんが、近代以降の欧米や日本にくらべると、変化が緩やかなイスラーム社会は、それはそれでよい点もあるわけです。

日本が幕末から動乱の時代を迎え、明治という新たな世に移行し、近代国家として生まれ変わっていった様はすでに見たとおりです。そのことの評価はされてしかるべきですが、見方を変えると、主だった内乱もなく、260年以上の長きにわたって平穏な暮らしが営まれていた江戸時代の評価も、やはりされてしかるべきです。

支配階級の武士はさほど贅沢な暮らしをするわけでもなく、主君に忠義を尽くし、場合によっては切腹しなければならないなど、非常に厳しい規律を求められます。むしろ、庶民より厳しい環境にあったのではないかと思えるほど、己を律することを求められていました。こうした支配階級、上流階級のあり方は、世界的にも珍しいものでしょう。

一方の農民などの庶民階級も、かつての歴史教育でいわれていたほど虐《しいた》げられていたわけではないようです。時期や地域などにもよるでしょうが、ゆったり大らかに暮らしていたという研究報告も散見されます。

商人も、大店《おおだな》になると金持ちもいます。支配階級の武士よりもずっと羽振りのよい商人もいたわけです。身分は低いけれど、お金はある。そういう商人も少なくありませんでした。一方、武士は身分は高いけれど、必ずしも裕福ではない。江戸時代は、そういう絶妙なバランスの社会だったともいえます。

しかし、欧米諸国が押しかけたことで、その平和で穏やかな社会にピリオドを打たざるをえなくなります。ペリー率いるアメリカの艦隊が浦賀に来航し、軍事的な圧力をかけつつ、条約締結を迫ったことをはじめ、欧米列強はほぼ閉ざしていた日本の扉をこじ開け、無理やり開国させました。

そして日本は、「圧倒的なスピードで進歩し続ける近代化という〝高速列車〟に乗らなければ、蹴散らされて踏みつぶされてしまう。だから乗るしかない」という状況に追いやられ、近代化の道を大急ぎで歩み始めたわけです。

混迷の源流となったソ連のアフガニスタン侵攻

干渉すべきではないイスラーム世界に、近代以降、欧米諸国は干渉し続けてきました。それらの行為に、もっともらしい理由をいろいろつけましたが、結局のところ、領土や石

油資源が欲しいというのが本音でしょう。

欧米諸国のイスラーム世界への介入が、どういう事態を引き起こしているのか。ソ連がアフガニスタンに軍事介入して以降の歴史を、まずはざっと振り返ってみます。

1979年、ソ連は内紛が続いていた隣国のアフガニスタンに侵攻し、傀儡《かいらい》政権を立てました。しかし、国際的な批判を受け、1980年のモスクワオリンピックには、日米をはじめ多くの西側諸国（資本主義陣営）が参加を取りやめました。

この当時は、アメリカをはじめとした西側諸国とソ連を中心とした東側諸国（社会主義陣営）が、しのぎを削っていました。東側を代表するソ連は、アフガニスタンが西側陣営に取り込まれるのを防ぐ狙いもあって同国に侵攻したのです。

西側は西側で、アフガニスタンをソ連などの東側の支配地にされたくない。そこで、アメリカはアフガニスタンに大量の武器を送り込んで、アフガニスタンが戦場になったという背景もあります。

ソ連のアフガニスタン支配はゴルバチョフによって方向転換され、1988～89年にかけて、ソ連軍はアフガニスタンから撤兵しました。さらに1991年には、そのソ連自体

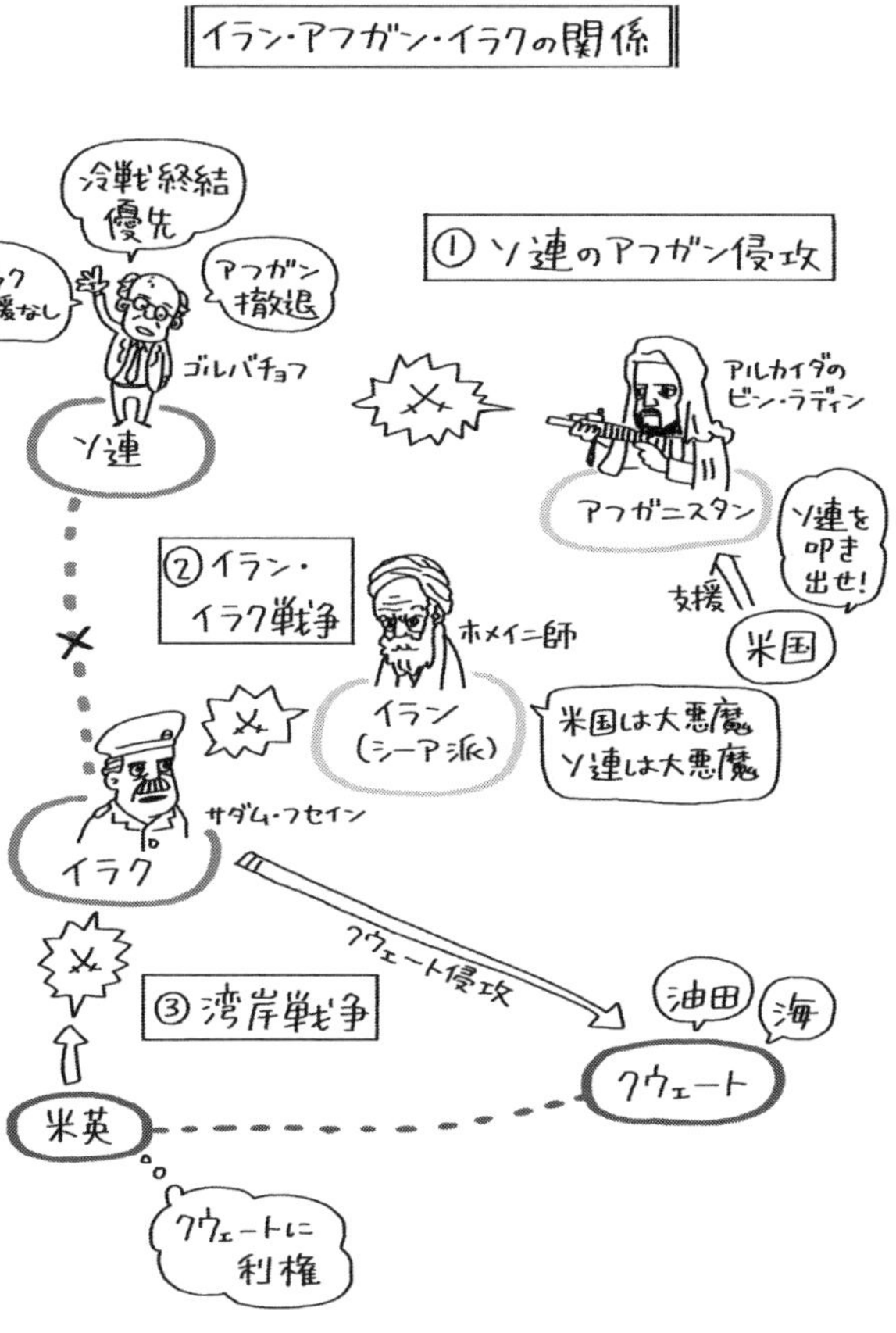
イラン・アフガン・イラクの関係
① ソ連のアフガン侵攻
冷戦終結優先
イラク支援なし
アフガン撤退
ゴルバチョフ
ソ連
アルカイダのビン・ラディン
アフガニスタン
ソ連を叩き出せ!
支援
米国
② イラン・イラク戦争
ホメイニ師
イラン(シーア派)
米国は大悪魔
ソ連は大悪魔
サダム・フセイン
イラク
クウェート侵攻
③ 湾岸戦争
油田
海
クウェート
米英
クウェートに利権

が崩壊してしまいます。

ソ連が崩壊したことで、アフガニスタンはいわば空白地帯になりました。その空白地のアフガニスタンにタリバーン（タリバン）が入り込みます。タリバーンは元来、ソ連に侵略されたアフガニスタンを助けるという旗印の下につくられたイスラームの過激派組織です。タリバーンが結成されたのは1979年といわれます。

タリバーンにはタリバーンなりの存在理由が、当初はありました。アフガニスタンが混乱に陥ったことで、隣国のパキスタンが迷惑をこうむります。パキスタンの安全保障上、アフガニスタンの統一は不可欠でした。その任を負ったのがタリバーンだったわけです。

ソ連崩壊後、唯一の超大国になったアメリカは軍事行動に積極的になりました。

1990年、イラン・イラク戦争後の財政難を打開するため、イラクが隣国のクウェートに侵攻します。クウェートを制圧したイラクに対して、アメリカをはじめとした多国籍軍は翌91年にイラクを攻撃しました。湾岸戦争の勃発です。イラク軍がクウェートから撤退し、湾岸戦争は終結しました。

1998年、タリバーンはアフガニスタンのほぼ全土を掌握。タリバーンはアルカーイダ（アルカイダ）の司令官だったビン・ラーディンを匿《かくま》ったことがあるともいわれます。

そのアルカーイダはイスラーム原理主義を標榜《ひょうぼう》するゲリラ組織で、国際的なネットワークでもあります。２００１年に起きたアメリカ同時多発テロ事件の主犯ともいわれます。

その後の中東情勢はさらに激しく動きます。２００３年には、アメリカがイギリスとともに、大量破壊兵器を隠し持っているとされたイラクを攻撃し、イラク戦争が勃発しました。これによって、サダム・フセイン政権が崩壊しました。

２０１１年には、ビン・ラーディンがアメリカ軍によって殺害されます。

そして、２０１２年以降、アメリカはパキスタン北西部のパキスタン・タリバーンの拠点を無人機で攻撃しています。

また、「イスラム国」が台頭し、２０１５年には、フランスのパリやチュニジアのチュニス、そして再度パリなどでテロ事件を起こしています。

これらの出来事はごく一部ではありますが、こうして振り返ると、ここ数十年のイスラーム世界、あるいは中東を巡る動向は混迷を極めていることが改めてわかります。その大きな理由のひとつに、欧米諸国の介入があることは否めません。

〝蜂の巣〟をつついたアメリカの大罪

欧米諸国のイスラーム世界への介入に行きすぎた点があることは明らかです。そこには、きれい事ではない、自国の利権が絡んでいます。

たとえば、アメリカが湾岸戦争やイラク戦争にこだわったのは、イラクやクウェートに豊かな原油があるからです。ジョージ・H・W・ブッシュ（父ブッシュ）は湾岸戦争に、ジョージ・W・ブッシュ（子ブッシュ）はイラク戦争にと、アメリカ大統領が親子二代で大きな戦争にかかわっています。

「ビン・ラーディンはアフガニスタンに潜伏しているらしい」

「タリバーンに匿われているらしい」

アメリカはそういう情報を入手すると、アフガニスタンに爆撃を開始し、そこに住んでいる子どもや女性までも大勢殺してしまうことになりました。アルカーイダともタリバーンともまったく関係のない多くの庶民が巻き添えを食って、亡くなってしまったのです。

正義とか大義とか、そんな理想や理屈を掲げても、やっていることは殺戮です。これでは、アフガニスタンやイラクの人の恨みを買わないほうが不思議でしょう。

アメリカとイギリスがイラク戦争を起こしたのは、イラクが大量破壊兵器を隠し持っているということが大きな理由でした。しかし、そのアメリカ自体、大量破壊兵器をしっかり保持しています。中国も持っています。では、中国に空爆を行うかというと、そんなことはしません。

大量破壊兵器の有無で攻撃を仕掛けるというのは、かなり無理のある話です。しかも、のちにイラクの大量破壊兵器は存在していないことが判明したのですから、**イラク戦争を起こした大義名分は、はなから誤りだった**と言ってもよいでしょう。

それにもかかわらず、アメリカはサダム・フセインを捕らえ、処刑までしたのです。こうした行為がいったい国際法的に許されるのか、はなはだ疑問です。もう少し時が経って、歴史的に検証する時代を迎えたら、大変な事態になるかもしれません。

サダム・フセインのやり方にはたしかに問題が多かったし、虐げられていた人たちもいました。しかし、だからといって、他国に勝手に入り込んで、その国のトップを処刑してよいのかどうか。しかもその過程では、アフガニスタンのときと同じように、大勢の子どもや女性たちもアメリカ軍などに殺されました。

イラクの人たちが、アメリカに憎しみを抱くのは当然といえるでしょう。イラクの人たちにとって、フセイン統治時代とくらべて現在のほうがよくなったとは、とても言えないのが現状です。

パキスタン・タリバーンへのアメリカの無人機による攻撃によっても、過激派とは何の関係もない人たちが大勢殺されています。そのほか、中東の各地で欧米諸国の攻撃により、過激派とはいっさい関係のない一般庶民が殺されてきたのです。

再度引用しますが、前出の『イスラーム基礎講座』に「おとなしく営巣している蜂を刺激しなければ蜂は蜜を楽しませてくれますが、一度巣を刺激すれば蜂は優秀なテロリストになります」とあるように、アメリカは蜂の巣を刺激してしまいました。そして、同書の指摘どおり、**刺激された蜂たちは「優秀なテロリスト」になってしまった**のです。

テロリストが出てくる以上、アメリカなどの欧米諸国は彼らを叩かないといけない。ゲリラ戦法などで相手がひとたび攻撃を仕掛けてきたら、アメリカ側は倍返しどころか、50倍、100倍で返す。その結果、何の罪もない人たちまでもが巻き添えを食って、命を落としたり、家を焼かれたり、職を奪われたりしている。これでは憎悪が芽生えないほうが不思議です。

イスラームを名乗る過激派が行っているテロはもちろん批判されるべきですが、では、アメリカがしていることは何なのか。イスラーム側の人たちにとっては、それは大規模な暴力的行為なのです。イスラーム世界への欧米諸国、とりわけアメリカの行為は非常に荒っぽいと言わざるをえません。

イスラーム諸国とキリスト教国の非対称な戦い

ソ連の崩壊で東西冷戦が終結して以降、民族問題や宗教問題が顕著になりました。宗教対立でいえば、主にキリスト教対イスラームやユダヤ教対イスラームとなります。

パレスチナ問題の本質は政治の問題であって、ユダヤ教対イスラームの対立ではないと第1章で書きました。では、アメリカなどの欧米諸国と中東との紛争の本質は、キリスト教対イスラームの対立なのでしょうか。

これに関しては、非対称の対立であると私は考えています。どういうことかというと、中東に関してはイスラームです。中東の国々、人々はイスラームを軸にして考え、行動しています。イスラームの価値観を尊重し、それを守ることをとても重視しています。その意味では、宗教的に純粋な思いがあります。

しかし、一方の欧米諸国はキリスト教に基づいて行動しているかというと、そうではありません。

前述のように、かつてアメリカのジョージ・W・ブッシュ大統領が「この十字軍、この対テロ戦争は……」と発言したこともあります。これは、キリスト教とイスラームの対立を意識してのことでしょう。

あるいは、アメリカの大統領はしばしば〝God Bless America〟、つまり「アメリカに神の祝福を」と言います。このように、政治の場面の折々でキリスト教にまつわる言葉も発せられますが、欧米諸国はキリスト教の教義に基づいて行動しているわけではありません。**キリスト教を布教しようと思って、空爆をしているわけでもないでしょうし、キリスト教の価値を守ろうとして、イラクに侵攻したわけでもない**でしょう。

少なくとも帝国主義以降のキリスト教国は、キリスト教の布教を主な目的にして対外政策をとっているわけではありません。先述したように、領土や資源の獲得が大きな目的なのです。

イスラームを尊重し、守りたいイスラーム諸国と、領土や資源が欲しく、自国に有利な対外政策をとりたいキリスト教諸国。ムスリムが多い国とキリスト教徒が多い国との争いは、そうした非対称な戦いでもあるのです。

イスラームが日本に広がらない理由

世界中で16億人もの人たちが信仰しているイスラームですが、ムスリムの日本人はごく少数です。

近年でいえば、イスラーム過激派の影響で、イスラームに対する印象はあまりよくありません。そのことも日本人のムスリムの少なさに影響を与えているかもしれませんが、歴史的にもイスラームは日本人にあまり受け入れられてきませんでした。

第1章で、日本にキリスト教が普及しなかった理由を書きました。聖書に書かれている話が日本人には実感しにくいこと、原罪の考え方が馴染みにくいこと、厳しく荒々しい側面を持つヤーヴェという神に抵抗があることなどを理由として挙げました。

では、イスラームはどうして日本で、今に至るまで普及していないのでしょうか。理由はやはりいくつか考えられます。

「日本人は東洋人だから」と思う人もいるかもしれませんが、インドやインドネシア、マレーシア、ブルネイなどには、イスラームは普及しています。インドの歴史を振り返ると、デリー・スルターン朝（1206〜1526年）や、ムガル帝国（1526〜1858年）といったイスラーム王朝が栄えた時代もあります。

日本にイスラームが普及しなかった理由のひとつに、イスラーム諸国と地理的に遠いことが挙げられます。イスラームが生まれた遠くアラビア半島から陸づたいに伝わる場合、〝中国〟という大きな壁があります。もちろん、その中国は時代によって唐だったり、宋だったり、元だったり、明だったり、清だったり、あるいは現在の共産党支配下の中国だったりしますが、いずれであっても、大きな壁として存在しています。

先述のとおり、インドはイスラーム化されたことがあるし、インドには今も1億6000万人ものムスリムが住んでいます。

しかし、中国がイスラーム化したことはありません。それどころか、新疆《しんきょう》ウイグル自治区に住むムスリムたちに弾圧を加えています。となると、**中国がいわば防波堤になって、日本にイスラームが届くのを防いでいた（あるいは、妨げていた）**といえそうです。

そのほかの理由としては、日常習慣が日本とイスラームとではかなり違うことが挙げられます。たとえば、五行（信仰告白・礼拝・断食・喜捨・巡礼）の断食など、日本人にはなかなか受け入れられないでしょう。

日本は豊かな海と森に恵まれ、四季のある国です。その自然環境によって育まれた感性や文化の蓄積があります。

一方、イスラームなどのセム的一神教は砂漠で生まれた宗教です。土台の環境があまりに違うため、育まれた感性や文化は大きく異なります。

それに、日本人は厳しいことを嫌がる傾向があります。白黒はっきりさせることもあまり好まず、「まぁまぁまぁ」といった、よい加減で治める文化もあります。いい加減だから、初詣は神道で、葬式は仏教で、クリスマスはキリスト教で、といったことが平気でできます。規律は守る国民性ですが、つらいことや抑圧されるようなことは好まない国民性でもあります。

そして、来世よりも今のこの生を謳歌したい欲求を強く持っています。人生の楽しみの多くを否定し、放棄して、どうして今さら天国への切符を手に入れないといけないのか、と多くの日本人は思うでしょう。

ちなみに、「エロ文化」もイスラームでは認められません。江戸時代の春画から現代のアダルトビデオまで、日本ではエロティックな文化が花開いています。明治時代などに、厳しく規制された時期はありますが、今なお、手を替え品を替え、日本のエロ文化は生き残っています。この文化もイスラームでは厳禁です。

キリスト教が日本に普及しなかった理由のひとつに、ヤーヴェが厳しく荒々しい側面も持っていることを挙げました。ということは、アッラーも同じ神ですから、アッラーも厳しく荒々しい側面を持っているということです。多くの日本人には向かない神様なのかもしれません。

日本はイスラームとどうつき合うべきか？

21世紀になって、グローバル化はますます進んでいます。そうしたなかにあって、日本のイスラーム諸国とのつき合い方は、以前にも増して重要になってきました。

イスラーム過激派によるテロなどの犯罪行為は、いまだに起きています。とはいえ、過激派はイスラームのごく一部です。大半のムスリムは過激派ともテロとも無縁です。そうでなければ、世界で16億人もの信者がいて、今なお増え続けていることなどありえません。

まず、これらの事実を改めて認識することが大切です。

日本はアメリカと同盟関係にあります。アメリカはアフガニスタンに侵攻し、タリバーン政権を崩壊させたり、イラクを攻撃し、サダム・フセイン政権を倒したりしています。「イスラム国」に対しても、アメリカやフランスなどは空爆を繰り返しています。しかし、日本はアメリカやヨーロッパ諸国とまったく同じ考えをもって、中東と向き合っているわけではありません。また、そうする必要もないでしょう。

イスラーム世界は、日本と地理的に遠い位置にあります。歴史的、文化的にも決して近いわけではありません。日本は古代から主に中国からの影響を大きく受け、近代以降は欧米社会の影響を大きく受けていますが、イスラーム社会からの影響はそれほど大きいわけではありません。

一方、ヨーロッパは古くからイスラームと密接にかかわってきました。近代以降はアメリカも密接にかかわっています。欧米のイスラームとのかかわりのなかには、幾多の戦争もありました。

日本は欧米諸国ほどイスラーム世界に密にかかわってきませんでしたし、なによりイスラーム諸国と戦争をしたことがありません。第1次世界大戦で、日本は日英同盟の関係からイギリスと同じ連合国側につきましたが、オスマン帝国と直接戦ったわけではありません。直接的には、イスラームと争った歴史はないのです。その日本が、すべてにおいて欧米に追従する必要などないはずです。

日本は宗教に対して寛容な国です。明治時代に廃仏毀釈の嵐が吹き荒れたことはありますが、歴史的にはむしろ「神仏習合」が伝統でした。現在も日本には、多くの神社と寺が共存しています。キリスト教の教会も数多くありますし、教徒は少ないとはいえ、イスラームのモスクもあります。

日本は憲法で信教の自由を保障しています。どの宗教を信じてもいいし、どの宗教も信じなくてもいいし、途中で信仰を変えてもかまわない。礼拝をしてもいいし、しなくてもいい。布教活動をしてもいいし、しなくてもいい。そうした自由が保障されています。

信仰は尊重されるべきです。**神道にも仏教にもキリスト教にもイスラームにも、ほかのさまざまな宗教にも、反社会的でない限り、敬意を払う。自分の信仰を尊重してもらうと同時に、他人の信仰も尊重する。それが日本人のあるべき姿**のように思います。

アメリカやヨーロッパ諸国の中東戦略に賛同できるところもあるでしょうが、意見を異《こと》にする部分も多くあるでしょう。そのことを中東諸国、イスラーム諸国にはっきり伝えることが大切ではないでしょうか。イスラーム諸国とは遠い位置にあって、さまざまな宗教を尊重する日本であれば、できないことではありません。

日本はテロを行う過激派に対しては断固とした対応をとるとしても、平和的なイスラーム諸国に対しては友好的、対話的に接するというメッセージを積極的に発信していったほうがよいし、そうすることができる立場にあるといえるでしょう。

イラン革命の持つ意味

イラン革命（イラン・イスラーム革命）という革命があったことを覚えている人も、いると思います。若い読者なら、学校の歴史の授業で習ったかもしれません。

この**イラン革命はイスラームを考えるにあたって、かなり重要**です。少し振り返ってみましょう。

イランは1935年に国号をペルシャからイランに変更しました。1963年からは、国王パフレヴィー2世（パーレビ2世）が「白色《はくしょく》革命」と呼ばれる上からの近代化を推し進めます。その内実は脱イスラームであり、西洋化でした。この近代化を支援したのがアメリカでした。

しかし、近代化による格差の拡大や西洋化に対する反発が高まります。アメリカ追従路線にも反発が高まり、デモや暴動が多発。そして1979年、ついにパフレヴィー2世は亡命しました。

代わって成立したのが、今日まで続くイラン・イスラーム共和国です。イスラームのウラマー（法学者）、ホメイニが実権を握り、政教一致の政策をとりました。前政権のパフレヴィー2世はアメリカと懇意でしたが、ホメイニ率いるイランはアメリカと反目し合いました。

パフレヴィー2世は脱イスラームによる近代化、欧米化を図っていましたが、ホメイニはその流れを断ち切り、イスラーム復興に大きく舵《かじ》を切ったことになります。国民の多くも、ホメイニを支持しました。

この一連の動きがイラン革命で、この革命はイランにおけるイスラーム復興運動でもありました。

イラン革命の拡大を恐れたアメリカは、イラクのサダム・フセイン政権に軍事援助をし、フセインはさらに大きな権力を持つようになります。さらに1980年、アメリカなどの支援を受けたフセイン政権はイランに侵攻し、ここにイラン・イラク戦争が勃発します。ところが先述したように、そのフセインはのちにアメリカによって倒されます。考えてみると、アメリカはフセインを勝手に育てて、勝手に倒したようなものです。アメリカにはやはり、なんとも荒っぽいところがあります。

パフレヴィー2世については、興味深いことがあります。それはパフレヴィー2世は近代化や欧米化だけを推進していただけではなく、念頭には、イスラーム以前のイランも想定していたことです。

イスラーム以前といえば、この地がペルシャ帝国だった時代です。つまり、**パフレヴィー2世はペルシャ帝国の再現を目標にしていた**ようなのです。

イランはイスラームの正統カリフ時代に入る前は、ササン朝ペルシャの時代でした。224年から651年まで続いたササン朝ペルシャでは、ゾロアスター教が国教でした。それ以前のパルティア王国（紀元前248年ごろ〜224年）とアケメネス朝ペルシャ（紀元前550年〜紀元前330年）でも、ゾロアスター教が信仰されています。これらの古代ペルシャ帝国は、いずれも広い版図《はんと》を持つ大帝国でした。また、開祖のゾロアスターはペルシャ（イラン）生まれです。

考えてみると、イスラームはアラビア半島（現在は大半がサウジアラビア）で始まった宗教です。イランは元来、関係ありません。しかし、イスラーム勢力はペルシャにまで進出し、ついにはササン朝ペルシャを滅ぼしました。古代ペルシャ帝国の再現をめざしたパフレヴィー2世は、もしかしたら反イスラームの思いが強かったのかもしれません。

イスラームと聞くと、ずいぶん古い宗教で、大昔の教えのように思う人もいるかもしれませんが、実はゾロアスター教やユダヤ教、キリスト教、仏教、ヒンドゥー教などより歴史の浅い宗教です。

こうした比較的歴史の浅いイスラームが世界の注目を集め、信徒が今も世界でどんどん増えています。**グローバル化の影響などで世界が小さくなった昨今、イスラームをより深く正しく知ることは、私たち日本人にも今や必須といえる**でしょう。

終章

人間はなぜ宗教を求めるのか

今、歴史の逆流が起きている

21世紀は科学の時代になる。宗教を信じる人、少なくとも本気で宗教を信じる人は激減し、科学技術万能の時代になる——。20世紀の半ばには、世界の多くの人がこのように考えていたのではないでしょうか。未来は宗教が廃《すた》れ、科学技術こそが信ずべき対象になるだろうと。

たしかに20世紀も、すでに20年以上が過ぎた21世紀も、科学技術は世界を覆い、私たち人類にさまざまな恩恵を与えてくれています。

しかし、宗教を信じる人が減り、宗教が歴史の世界のみの話になったかというと、決してそうではありません。自分の信じる宗教に帰依《きえ》し、祈り、心静かに穏やかに、神仏とともに過ごしている人は、今も世界に大勢います。21世紀になっても、宗教の影響力は依然、大きいままなのです。

ドイツの社会学者であるマックス・ヴェーバーは、近代化を「脱魔術化のプロセスである」と規定しました。多くの宗教には、非科学的な部分が含まれています。その非科学性を帯びた宗教と科学を称える近代との共存は難しいと、ヴェーバーは考えたわけです。

　ヴェーバーの言うように、脱魔術化が図られ続け、時代はそのまま突き進むのかと思いきや、20世紀の最後近くになって、宗教ががぜん盛り返してきた。そう思えるのは、やはりイスラームに勢いがあって、イスラームが脚光を浴びるようになったからです。

　この事態はいわば逆行です。ヴェーバーが考えた時代の流れからすると、歴史の逆流であり、宗教の逆襲が起きているといえます。


　それにしても、宗教はどうしてこれほどまでに人を惹《ひ》きつけるのでしょうか。宗教の根源的な魅力は、いったい何なのでしょうか。

　人が宗教に惹きつけられるのには、ふたつの大きな理由があると思います。ひとつは「不安」で、もうひとつは「欲望」です。こうした人間ならではの感情が、宗教を生み出したといってもいいでしょう。

　まず「不安」についてです。

　人が何より不安に思うのは「死」についてでしょう。「死ぬのなんか、怖くないし、不安でもないよ」という人もいるかもしれませんが、大方の人にとって「死」は不安だし、怖いものであるはずです。自分の死だけではなく、肉親や愛する人の死も不安だし、そうした死に接すれば、悲しみに包まれることにもなります。

唐突かもしれませんが、犬の世界に宗教はありませんよね。「何を当たり前のことを」と思ったことでしょう。ただ、犬にも感情はあります。私は犬を飼っているので、その点、よくわかりますが、犬の感情はたいへん豊かです。喜怒哀楽の情が発達しているのです。うれしいときには、しっぽを存分に振って、喜びを爆発させます。気に入らない犬や怪しい人を見かけたときには、思いきり吠えて、怒りや不安を表現します。さびしいときや悲しいときには、シュンとなって、ションボリします。安心した心持ちのときには、のんびりだらんと、リラックスしてくつろいでいます。

このように犬にも不安はあるはずなのに、宗教は生み出していない。これはやはり、ある一定の知性や自意識がないからなのでしょう。当たり前といえば当たり前ではありますが、逆に言うと、地球上で知性や自意識を持つ存在は稀有《けう》です。人間は、知性や自意識を持っているために宗教を生み出したともいえるのです。

犬などほかの動物にはなく、人間だけにあるものとは何でしょうか。たくさんありますが、そのひとつに「先のことを考えすぎる」、あるいは「先のことがわかる」ことが挙げられます。さらには「過去のことを覚えすぎている」ことも挙げられるでしょう。**先のことを考えると不安になる。過去を振り返ると、悔やんだり、恨んだりして、心が乱れる。未来や過去に心を奪われて、今が奪われていく。そうしたことが、人間にはしばしば起こります。宗教は、人間のこの特性にグッと入り込んできました。**

とりわけ死の恐怖。死ぬのは怖い、恐ろしい。この不安や恐怖に対して「来世がある」と言ってもらうことで、心はどこか安らぎます。あるいは「魂は死なない、永遠である」と言われると、救われる気がしてきます。

これがもし仮に、人間が不死の生物で、老いも病も知らず、年齢を重ねるごとにますます元気になっていくような存在ならば、宗教は生まれなかったかもしれません。老いや病や死があり、悔いや恨みや怒りがあり、つらく悲しいことがあるからこそ、宗教は生まれたのでしょう。

魂はいったい不死なのかそうでないのか。そうした議論は、たとえば古代ギリシャのソクラテスなどは盛んに行っていました。

古代エジプトでは、ファラオ（王）の魂の再生を願ってピラミッドをつくったといわれます。ピラミッドをつくる際は、奴隷が酷使されたとかつては考えられていました。しかし、最近ではむしろ、庶民が好んでピラミッドの建造にかかわったという見方もあります。**ピラミッドをつくる行為にかかわることは、宗教的な営為に参加することであり、これは喜ばしくありがたい行為だった**ということでしょう。

神聖な行事に参加できることの喜びや誇らしさ。魂や来世に託す思い。これらは、不安や恐怖があるからこそ芽生えてくる気持ちだといえるのです。

欲望を抑える「スーパーエゴ」としての宗教

もうひとつの「欲望」についてはどうでしょうか。人間は大脳が非常に発達しているためか、欲のスイッチが入ると、抑制するものがなければ、際限なくその欲のおもむくままに突き進む性質を持っています。

たとえばライオンは、目の前にシマウマがいても、満腹であれば、ほとんど襲わないといわれます。ところが人間は、「今は満腹だけど、明日や明後日はどうなるかわからないから、今のうちに狩りをしておこう」と考えがちです。現代でいえば、生活できるくらいの貯蓄が十分にあっても、先々のことを考えると不安になって、もっともっとがめつく稼ごうとするようなものです。不安が欲望を刺激し、欲望を大きくしているのです。必要最低限の暮らしが十分にできているのに、見栄などから欲望を肥大化させるケースもあります。買い物中毒やアルコール中毒などの中毒現象を起こして、欲望に歯止めをかけることができなくなる人もいます。

人のものまで欲しくなると、どうなるか。場合によっては、盗むこともあります。欲しいものを手にいれようと、持ち主を殺してしまうことも、しばしば起きるわけです。

歯止めがなければ、欲望はどこまでも大きくなっていきます。そうすると、周りは迷惑をこうむり、たまったものではありません。誰もが穏やかに暮らすことは、できなくなるでしょう。

とすると、欲望に対しては、何らかの制約が求められるようになっていくはずです。私たち人間を動かす生命エネルギーは重要だけど、それが爆発するほどの動きを見せると、無軌道になってしまう。すると、右に書いたような〝困った事態〟も起きてしまう。

そこで求められるようになったのが「スーパーエゴ（超自我）」です。スーパーエゴはエゴ（自我）の上にあって、上から指示命令する。社会全体でいえば、法律や道徳であり、かつての家庭では、父親といったところでしょうか。

ただし、「ナニナニすべき」あるいは「ナニナニすべからず」というような、上から指示命令する強い力であるスーパーエゴが行きすぎると、人々は禁欲的になりすぎて、いずれはヒステリーとなって、爆発してしまう。これは、オーストリアの精神分析学者であるジークムント・フロイトが指摘していることでもあります。

宗教にもスーパーエゴ的な側面はあります。モーセ（モーゼ）が神から与えられたとされる十の戒律「十戒《じっかい》」には「殺してはならない」「姦淫《かんいん》してはならない」「盗んではならない」などと記されています。これらは「ナニナニすべからず」の典型です。十戒はユダヤ教などが聖典とする『旧約聖書』に書かれていますから、まさに宗教の教えといえます。

宗教が持つ強力なアイデンティティ

第3章でも登場した「アイデンティティ」という言葉。これはアメリカの心理学者、E・H・エリクソンが提唱した概念で、「自己同一性」「存在証明」などと訳されます。自分を自分たらしめているものでもあるし、自分が何者であるかを知ることのできるものでもあります。**不安と欲望のほかに、宗教を支えている大きな要素として、この「アイデンティティ」もあります。**

自分が何者かを考える際には、自分が属している、あるいは属していた集団を考えることが大切です。たとえば、日本という国に住む日本人で、男性で、長野県の○△高校を出ていて、中学ではサッカー部に所属していたなどです。これらは、その人のアイデンティティになります。

ある会社に所属していることも、その人のアイデンティティになりそうです。首から社員証をぶら下げて、同僚と連れだって昼食を食べる光景は今や珍しくありません。しかし、会社は倒産してしまうかもしれないし、その人自身が解雇されてしまう可能性もあります。すると、会社に所属していることで得られるアイデンティティは、もろくも崩れ去ってしまいます。その人のアイデンティティ全体にとっても、大きな痛手になります。

私個人のことをいえば、静岡県出身ということがひとつの大きなアイデンティティになっています。静岡の方言がわかって、静岡県民の好みや価値観をある程度は共有することができます。

自分の存在を見いだしたり、証明したりできると、人は安心します。逆にいうと、アイ

デンティティがないと、とても不安になります。ある意味、宗教はこの不安を数千年以上も前から解決していました。

ユダヤ教徒であれば、『旧約聖書』のすみずみまで知っている。ムスリムであれば、『コーラン』のすみずみまで知っている。これは同じ場所に所属し、同じものを信じている者として、共通の大きな財産です。

ユダヤ教徒もムスリムも、豚肉を食べません。こうした日常の取り決めや習慣の共有もアイデンティティを育みます。

「豚肉なんて、食べないよね」
「うん、当たり前だよ。食べるわけないじゃないか」

こうした意識が共有されていくわけです。

豚肉を食べる日本人は多いですが、犬の肉はほとんどの日本人が食べません。犬を食べていると聞くと、絶句してしまう人が多いでしょう。でも、世界には、犬の肉を食べる国や地域もあります。となると、犬の肉を食べないことが、今の日本人のアイデンティティのひとつになっているともいえるでしょう。

会社に所属しているというアイデンティティもありますが、宗教で得られるアイデンティティはその比ではありません。なにしろ〝所属先〟は神の場合が多いのです（仏教のように信仰の対象が神ではないものもありますが）。一神教であれば、唯一絶対の神で、その〝神の証明書〟を首からぶら下げて歩いているようなものです。その安心感たるや、相当なものでしょう。

モハメド・アリというプロボクサーがいました。アフリカ系アメリカ人で、ヘビー級の世界チャンピオンでした。アリの旧名はカシアス・クレイで、これはかつて黒人が奴隷だった時代の名残のある名前です。

カシアス・クレイはのちにイスラームに入信し、白人由来の名前を捨て、モハメド・アリの名を得ます。これによって、彼はムスリムとしてのアイデンティティを獲得した形になりました。

ムスリムの一員としてのアリは、おそらくそれまでの彼とは大いに変わったはずです。奴隷の子孫としてのカシアス・クレイをきっぱり否定し、ムスリム、モハメド・アリとして決然と生きていくことにしたのでしょう。

アイデンティティ＝存在証明の特質は、自分のなかの内的一貫性と、他者と本質的な部

分を共有しているという感覚です。強力な宗教は、存在証明のたしかな感覚を与えてくれるのです。

法律の役割も担った宗教

宗教というと、争いのもとのように思う人もいるでしょうが、共同体のルールとして機能していた、あるいは今も機能している側面も当然あります。

近代国家では法律が整備されていて、その法律にのっとって、社会は営まれています。しかし、近代法が発達する前には、世界的に宗教が世の中の秩序を保っている部分が多分にありました。「法律の代わりとしての宗教」があったわけです。

ただし、根本の発想は違っています。近代的な発想では、国なり地域なりのルールに反する行為をしたから罰を与えると考えますが、宗教の場合、神の命令に背いたために罰する、といった考え方をします。

神、少なくとも一神教における神は絶対的な存在です。神聖であり、比類なき権威を持っています。

誰もがひれ伏す存在である神を設定し、神のもとに共同体のルールをつくり、それを皆が守る。そのルールを破れば、神に背いた者として処罰される。そういう社会が、かつては世界の各地で成立していました。

その典型はイスラーム世界です。イスラーム法が確立していて、生活のすみずみまで規定しています。聖と俗が分かたれず、聖典と法律に書かれていることに連続性と一貫性があります。イスラーム世界では、こうした社会のあり方は過去のものとはなっておらず、今も連綿と継続されています。宗教が秩序を保つ非常に有効な装置として、機能し続けているのです。

「それぞれの人のエゴを押さえつけるスーパーエゴが強いと、個人は生きにくいんじゃないか」と思う人もいるでしょう。

しかし、宗教の場合、個人のエゴ、あるいは欲望よりも、神の教えに忠実であることに喜びを見いだすことも十分にあります。数式として表すなら、「神の教え∨自分の欲望」となるでしょう。この場合、人々は神の教えに嬉々として従います。神の命令どおりに生きることが無上の喜びなのです。

たとえば第3章でも見たように、イスラームでは豚肉を食べることやお酒を飲むことを禁じています。ムスリムでなければ、これらの決まりに、なんか不自由だな、と感じる人が多いでしょう。「大好きな豚骨ラーメンを食べられないのはキツイな」とか「酒を飲めないなんて、生きていけないよ」とか、そんなふうに思う人もいるはずです。

しかしムスリムは、絶対の存在である神の命令を喜んで守っています。神の意志にかなう行動をとることが心地よいのです。

不安と欲望。人間が持つこのふたつの心理が宗教を生み出していると書きました。もちろん、これらだけではありませんが、不安と欲望が宗教と密接に結びついていることは確かです。

このふたつの事柄は人間の内面の問題ですが、宗教は同時に人間の集団にも大きくかかわっています。法律の役割も担っていた（あるいは、今も担っている）というのはまさにそれで、**共同体をまとめ社会の秩序を保つのに、宗教は大きな役割を果たしてきた**のです。

アニミズムがもたらした豊かさ

一方で、人間の非力さが宗教を生んだという側面もあると思います。古代世界においては、人間は自然に翻弄されることが多々ありました。嵐が来れば狩猟採集はままならず、住居も荒らされます。農耕牧畜を始めて以降も、自然の前には無力であることをまざまざと知らされる場面はたくさんあったでしょう。

自然は多くの恵みをもたらしてくれる。その一方で猛烈な脅威にもなる。この状況は現代社会でも同様ですが、古代においては、今の比ではないほどに強烈だったはずです。

すると、人は自然に対して畏《おそ》れを抱くようになります。自然を畏怖《いふ》する気持ちが芽生えます。自分たちではコントロールできない、人知を超えた存在である自然。ここから「アニミズム」が起こり、発展していきました。

自然界のあらゆるものに神が宿っているとするアニミズムは、世界各地に見られました。山にも海にも、木にも花にも、クマにもサケにも、神様が宿っている。恵みの雨が降れば、天に感謝し、山が噴火すれば、山の神の怒りに触れたと考えます。

たとえば、**アイヌの言葉で「カムイ」は「神」を表わします。「アペフチカムイ」は「火の神様」、「キムンカムイ」は「山の神様」といった意味**です。

カムイに囲まれている暮らし。想像するに、これはとても豊かなように思えます。神々に囲まれ、その恩恵を受けて暮らしていると思うと、あらゆるものに対し感性が磨かれ、感謝の念が芽生え、謙虚にもなるでしょう。それは、人と社会の豊かさにもつながります。

逆に周りのものすべてが、単に人間が利用するためだけに存在していると考えると、その思考は非常に実利的で、人の内面にも共同体全体にも深みが感じられません。

「食べられるもの／食べられないもの」「使えるもの／使えないもの」「役立つもの／役立たないもの」といった実利のみの発想では、あまりに味気ないですし、殺伐《さつばつ》とさえしているかもしれません。

つまり、**原始宗教ともいえるアニミズムは、個人にも社会全体にも豊かさをもたらしていた**と考えることができるのです。

アニミズム的な発想は現代社会にも生きています。たとえば「むやみに自然を破壊するな」「食べ物に感謝しなさい」「お天道様が見ている」といった考え方や価値観は、アニミズムにつながるものなのです。

なぜギリシャ神話は「ギリシャ教」と呼ばれないのか？

ギリシャ神話にも神々がたくさん出てきます。

ギリシャの神々の頂点に立つのはゼウスで、そのほかにも実にたくさんの神がいます。アポロン、アフロディテ、ポセイドン、ヘルメス、ディオニュソス……。ギリシャ神話も日本同様、一種の八百万《やおよろず》の神々の世界です。

古代のギリシャにおいては、これらの神々を祀る儀式がありました。ですから、それは宗教と呼ぶに値するものだったのです。

しかし現代において、ギリシャ神話は宗教とは見なされていません。なぜなら、ギリシャの神々を信仰し、礼拝するというような宗教的な儀式が、現在はほとんど行われていないからです。そのため「ギリシャ教」ではなく「ギリシャ神話」と呼ばれているのです。中世のヨーロッパでは、大ざっぱにいえば、ギリシャ神話は忘れられた存在でした。中世期、ヨーロッパで隆盛を誇っていたキリスト教と、ギリシャ神話はうまく融合できなかったからです。

一方で、各地に伝わるアニミズム的、あるいは多神教的な教えは、その後に登場した強力な宗教に吸収されることが多々ありました。

たとえば『旧約聖書』に登場する「ノアの箱舟」の話。人々が信仰心を失って、堕落した生活を送っていると知った神は怒り、大洪水を起こして、人類を滅ぼそうと考えます。

しかし、ノアだけは慎み深く神を信心していたために、神は彼を助けることにしました。
箱舟をつくるように神に命じられたノアは、そのとおり箱舟をつくりますが、ほかの人たちはノアをあざけります。ところが、やがて大洪水が起こり、助かったのはノアとその家族、ノアたちに引き連れられた動物たちだけでした。彼らは皆、箱舟に乗って、助かったのです。

これが『旧約聖書』の「ノアの箱舟」の大筋ですが、この話は『ギルガメッシュ叙事詩』にとてもよく似ています。『ギルガメッシュ叙事詩』はティグリス川とユーフラテス川流域に発展したメソポタミア文明のもとでつくられた神話です。**『旧約聖書』は『ギルガメッシュ叙事詩』よりも新しい時代につくられました。ということは、「ノアの箱舟」は『ギルガメッシュ叙事詩』の影響を大きく受けているということ**です。

これは一例で、強力な宗教がそれまでの土着的な信仰を取り込みつつ、発展していった例は少なくありません。ただ、ギリシャ神話に関しては、その後の宗教にほとんど取り込まれず、文字・芸術など文化的なものへと変容していきました。

神と民をつないだシャーマン、天皇

古代においては、シャーマンも重要な役割を担いました。神や聖霊、死者の霊などと交信することができ、人知を超えた自然の力を操ったり、人々の病を癒《いや》したりすることのできるシャーマン。日照りが続き、人々の暮らしが立ち行かなくなっていたときに雨乞いをしたら、雨が降り出したということもあったでしょう。

現実に横たわる不安や恐怖、そして欲望。これらを現実的に抑えてくれるものが存在すると、人々は安堵するし、それに寄り添うようにもなるでしょう。

「神の声を聞いた。それによると……」

「聖霊はおっしゃっている。そのとおりにするがよいと」

「おまえの夫は『幸せだった』『子どもたちをよろしく頼む』と申しておる」

自分たちは非力である。しかし、神とつながっている。神の加護と恩恵を受けることができる。そこに介在しているのがシャーマンです。

実は天皇の起源も、シャーマン的なものではなかったかという見解があります。天皇が神と交信し、神の恩恵をもたらす。五穀豊穣を願い、それをもたらしてくれる。そういう神聖な行為を担っていたのが天皇だった、という見方です。

政治は、かつて「まつりごと」といわれました。まつりごとには、今でいう政治と神事が含まれます。神事に対し、政治は人の営みといえます。このことに関し、第1章でも紹介したように、イエスは明快な発言をしています。いわく「カエサルのものはカエサルに、神のものは神に」と。

カエサルは「この世のこと」を意味しています。政治や経済、物質的なことなどです。この世の務めも、神への務めも、どちらも大事である。そして、それぞれのものはそれぞれのもとにあるべきだと、イエスは言ったのです。

日本でも、天皇が政治に関与しない時代が長く続きました。鎌倉幕府を滅ぼし、「建武《けんむ》の新政」を行った後醍醐《ごだいご》天皇などの例はありますが、基本的には、天皇は神事を担っていました。

しかし、江戸時代が終わり、明治時代が始まると、天皇は神であると同時に、政治の世界でもトップの地位に就きました。明治天皇、大正天皇、昭和天皇は、陸海軍の最高指揮官である大元帥《だいげんすい》にも就いています。これも日本の歴史上、例外的な事例です。

無宗教の社会主義、共産主義が引き起こした〝熱狂〟

宗教には、人の内面を大きく変えうる力があります。それは人格改造さえもできてしまうほど、大きな力です。

オウム真理教による事件があったころは「マインドコントロール」という言葉が盛んに使われ、宗教関連、あるいは宗教まがいの団体による事件が私たちを不安にさせました。こうした事件を見聞きすると、「宗教は怖いもの」と思い、宗教に警戒心を抱く人が多くなりそうです。

片や宗教を否定して、無神論を唱えた人たちもいます。社会主義や共産主義を信奉し、そのイデオロギーを試みようとした人たちです。

カール・マルクスは「宗教は民衆のアヘンである」と言いました。宗教にはたしかに、人の目を曇らせ、曇らせたまま蔓延していく側面もあるでしょう。

しかし、神の存在を認めず、宗教を否定し続けて、国や組織を動かしたソビエト連邦（ソ連）や中国、カンボジアのポル・ポト政権などは、自国民の命を、いったいどれだけ奪ったでしょうか。

無神論を唱えた社会主義や共産主義が大虐殺を行ったという、残忍かつ悲惨な事実。宗教があるために起きた殺人や戦争もたしかにたくさんありますが、スターリンやポル・ポト、毛沢東たちが行った大量殺戮を考えると、社会主義や共産主義の「無宗教が人類を救う」とする思想は、少なくとも現実としては機能しなかったことがわかります。それどころか、むしろ宗教の有効性を知らしめたともいえます。

一方で、社会主義や共産主義は「無神論の宗教」と見ることもできます。社会主義や共産主義は神を否定し、特別な人間の存在も否定し、すべての人が平等である社会をめざしたはずですが、結果として、特定の個人を崇拝する仕組みをつくってしまいました。ソ連のスターリン、中国の毛沢東、北朝鮮の金日成などは、まさに崇拝の対象でした。

そのありようは、実はヴェーバーが『社会主義』という本でほぼ予測したとおりです。社会主義は悪《あ》しき官僚主義に陥り、腐敗が起こり、独裁的な支配になるだろうと、ロシア革命（1917年）が起きたときにすでに記していたのです。

ただ、**20世紀における世界への社会主義の広がりようは、宗教の普及にも似た勢いがありました。皮肉にも社会主義は宗教的な〝熱〟を帯びていた**ように思います。

とにかく、宗教がなければ争いが起こらず、人々は豊かに穏やかに和やかに過ごせるといった単純な話ではないといえるでしょう。宗教がないために、過激な独裁者が生まれ、自国民すらも大量に殺戮するというおぞましい現実を振り返ると、そう実感せずにはいられません。

宗教＋物語＝近代国家!?

人は物語を好みます。無味乾燥な箇条書きのような話より、起伏に富んだドラマが好きです。宗教には、そうした物語がたくさん含まれています。前述したように、イスラームの『コーラン』のように物語性を持たない聖典もありますが、多くの場合、宗教と物語は深く結びついています。

たとえば、1948年にイスラエルが建国される際には、離散（ディアスポラ）していたユダヤ人が自分たちの国をついに建てるという『旧約聖書』の物語が活用されました。『旧約聖書』に書かれているのは古代の話です。ユダヤの人たちは、約束の地カナン（パレスチナ）にイスラエルの民《たみ》の国をつくるという物語を、2000年以上ののちに引っ張り出してきて、イスラエルを建国する際に利用したのです。

日本も宗教を活用した歴史があります。明治時代に近代国家をつくる際、神道を持ち出して、「わが国は神国日本である」と語るようになります。その際には『古事記』や『日本書紀』が活用されました。

江戸時代は徳川幕府があったとはいえ、各藩が治める地方分権国家ともいえる体制をとっていました。それを中央集権国家に生まれ変わらせるためには、強力なシンボルが必要になります。そのシンボルには、古代から祭祀を司《つかさど》っていて、神と交信できるとされてきた天皇が最適任だったのです。

天皇のもとに、われら民が集う。われらは神の民。われらの国は神の国。そういう〝物語〟を明治政府は考えたのです。

そして、1889年（明治22年）に公布された明治憲法（大日本帝国憲法）には「天皇ハ神聖ニシテ侵スヘカラス」という文言が盛り込まれます。現代風に訳せば、「天皇は神聖であって、侵してはならない」ということです。神格性を帯びた天皇は現人神《あらひとがみ》として、日本の中心になりました。

明治国家が始まるときには、神道がいわば燃料の役目を担っていたといえます。この構図はイスラエル建国の際のユダヤ教、あるいはユダヤ教の聖典である『旧約聖書』と同じです。ユダヤ教徒はヤーヴェ（ヤーウェ、ヤハウェ）のもとにまとまり、明治から戦前の日本人は天皇のもとにまとまりました。

明治の日本は殖産興業や富国強兵を掲げ、猛進していきますが、その際には「天皇のもとに結集するわれら日本人」という構図が大きなパワーになったのです。

ところで、明治時代の前の江戸時代には征夷大将軍が存在していましたね。260年以上の長きにわたって、将軍が権力者として日本に君臨していました。

とはいえ、将軍に宗教的な威光はありませんでした。神と交信できる能力も資格も、将軍にはないと見なされてきました。宗教性の有無は、天皇と将軍との大きな違いのひとつです。

また、明治時代の初期には廃仏毀釈が行われ、各地の仏堂や仏像などが壊されました。1300年ほど前から信仰されていた仏教を弾圧したのです。宗教は神道（国家神道）一本で行く、という明治政府の決意が読み取れます。

人間は何か新しいことを起こすとき、古い物語を持ってくることがあります。イスラエルを建国する際には『旧約聖書』（『聖書』）を持ち出し、明治政府が近代国家をつくる際には『古事記』や『日本書紀』を持ち出しました。それぞれユダヤ教と神道という宗教が利用されています。そして、ユダヤ教にも神道にも、多くの物語があります。山あり谷ありの興趣そそられる説話があります。

古い権威と宗教と物語。これらが近代国家を建設する際に立ち現われ、利用される。あるいは、必要とされる。イスラエルの建国や明治日本の始まりを見ると、そのことに気づかされます。

さて、宗教をめぐる問題は、数千年前から21世紀の今に至るまで、世界で続いています。この果てしないほどに大きな問題を〝宗教音痴〟ともいわれる私たち日本人は、どう学び、知るとよいのか。世界の宗教の歴史と今が問いかける問題を、これからも見ていく必要があるといえるでしょう。

おわりに

私は、子どもの教養を高める本を書くことがあります。その際に、できるだけイスラーム世界の事象を取り上げるよう意識しています。というのも、普通に項目を選んでいくと、イスラーム関連の物事があまりに入ってこないからです。

しかし、本文でも解説したように、イスラームの文化は世界史のなかでも非常に重要な役割を果たしてきました。ところがどうも私たちは、その比重を軽く済ませがちなのです。世界でのムスリム人口を考えても、あるいは世界史における文化の重要な役割を考えても、しっかりとイスラームに関して教養として押さえておくこと。それが知性の土台として大切だと考えています。

さらに触れておきたいのは、イスラームにはキリスト教世界とは無縁の、独自の時間の流れとシステムがあるということです。この「もうひとつの道」を理解するということも、私たち日本人にとって、とても大事だと思います。

日本は世界において、もはや大きな影響力を持つ経済大国であるとは限りません。いろいろな力が押し寄せてきているなか、とりわけ重要な自分たちの文化をどうしていくべきなのか、どんなことを独自の価値として守るべきなのか。こうしたことについて、明確な意識を持つことが求められているのです。

この点、イスラームを理解することで示唆が得られるのではないでしょうか。

自分たちの価値というものを1400年以上にわたり、しっかりと保持し、精神の柱としている。その生き方をそっくりそのまま、まねることはできませんが、私たちにとって重要な価値、守るべきものを考えるにあたって、イスラームは大変参考になる存在だといえるでしょう。

私たちは、どうしても「現在」の勢力地図で物事を見てしまいます。超大国アメリカを中心とする価値観があり、それを支えているキリスト教の文化により親しみがあるのは、ある意味当然のことと思えるかもしれません。

ところが、そのアメリカから1冊の本が出ています。タイトルは『イスラームから見た世界史』（タミム・アンサーリー著、小沢千重子訳、紀伊國屋書店）。

著者はイスラーム圏出身で、アメリカの歴史教科書の編さんにも携わったことがあります。その際に、関係者がイスラームに関する記述を減らそうとしたことに違和感を抱きました。そこで、世の中の歴史の見方があまりにもキリスト教寄りではないかということに疑問を持ち、イスラームからの世界史を描き直したのが、この本なのです。

今、「教養の世界史」といったテーマの本がよく読まれています。現代社会は変化のスピードが非常に早い。そのなかで自分を見失わないよう、歴史を学ぶ、人類史を学ぶ、あるいは地球史を学ぶという向学心を持つことは、知性のあり方としてすばらしいものです。そのうえで今一度、〝カウンターカルチャー〟としてのイスラームから世界史を見てみる。このような視点が、「知のバランス」として重要なのではないでしょうか。こうして、世界史を「教養」としてきちんと身につけていくことが、日々の心のあり方にも影響を与えると私は考えています。

2021年5月

齋藤孝

[略歴]

齋藤孝（さいとう・たかし）

1960年、静岡県生まれ。明治大学文学部教授。東京大学法学部卒業。同大学院教育学研究科博士課程等を経て、現職。専門は教育学、身体論、コミュニケーション論。『身体感覚を取り戻す』（NHK出版）で新潮学芸賞受賞。『声に出して読みたい日本語』（草思社）がシリーズ260万部のベストセラーになり日本語ブームをつくる。
『心を燃やす練習帳』『「一生サビない脳」をつくる生活習慣35』『親子でできる！ 頭が良くなる！ こども呼吸法』『こどものための道徳生き方編・学び方編』（以上、ビジネス社）、『声に出して読みたい親鸞』（草思社）、『齋藤孝の仏教入門』（日本経済新聞出版）、『こどもブッダのことば』（日本図書センター）など著書多数。NHK Eテレ「にほんごであそぼ」総合指導、TBSテレビ「新・情報7days ニュースキャスター」、フジテレビ「全力！ 脱力タイムズ」等、TVコメンテーターとしても活躍中。

くらべてわかる！キリスト教 イスラーム入門

2021年6月16日　　第1刷発行

著　者　齋藤 孝
発行者　唐津 隆
発行所　株式会社ビジネス社

〒162-0805　東京都新宿区矢来町114番地 神楽坂高橋ビル5F
電話　03(5227)1602　FAX　03(5227)1603
http://www.business-sha.co.jp

〈装幀〉尾形忍（SparrowDesign）
〈本文組版〉茂呂田剛（M&K）
〈印刷・製本〉中央精版印刷株式会社
〈営業担当〉山口健志
〈編集担当〉大森勇輝

ISBN978-4-8284-2289-3